歌德学院(中国)
翻译资助计划

FRIEDRICH NIETZSCHES
LETZTE TEXTE

Heinrich Detering

文化生活译丛

尼采最后的文字

反基督者与被钉十字架者

〔德〕海因里希·德特林 著
袁志英 译

生活·讀書·新知 三联书店

Simplified Chinese Copyright © 2021 by SDX Joint Publishing Company.
All Rights Reserved.
本作品简体中文版权由生活·读书·新知三联书店所有。
未经许可,不得翻印。

图书在版编目(CIP)数据

尼采最后的文字:反基督者与被钉十字架者/(德)海因里希·德特林著;袁志英译.—北京:生活·读书·新知三联书店,2021.7
(文生译丛)
ISBN 978-7-108-07065-4

Ⅰ.①尼… Ⅱ.①海…②袁… Ⅲ.①尼采(Nietzsche, Friedrich Wilhelm 1844-1900)—哲学思想—研究 Ⅳ.①B516.47

中国版本图书馆 CIP 数据核字(2021)第 025718 号

The translation of this work was financed by the Goethe-Institut China.
本书获得歌德学院(中国)全额翻译资助。

特约编辑	童可依
责任编辑	王晨晨
装帧设计	蔡立国
责任印制	宋 家
出版发行	生活·讀書·新知 三联书店
	(北京市东城区美术馆东街 22 号 100010)
网 址	www.sdxjpc.com
图 字	01-2019-4982
经 销	新华书店
印 刷	北京隆昌伟业印刷有限公司
版 次	2021 年 7 月北京第 1 版
	2021 年 7 月北京第 1 次印刷
开 本	850 毫米×1168 毫米 1/32 印张 9
字 数	147 千字
印 数	0,001-4,000 册
定 价	48.00 元

(印装查询:01064002715;邮购查询:01084010542)

目录

第一章　狂人　1

第二章　作者、文本、角色　9

第三章　最恶之人　28

第四章　救世主的类型　50

第五章　……善恶彼岸的上帝　83

第六章　时代和永恒　99

第七章　在十字架上，在天堂里　108

第八章　价值重估　132

第九章　神化的狄奥尼索斯　154

第十章　19世纪的误解　172

第十一章　瞧，这个人　181

第十二章　什么是真理　198

第十三章　我是谁　207

第十四章　背负十字架　223

第十五章　上帝在人间　232

第十六章　还真有末日审判　250

第十七章　宏大叙事　257

后记　265

参考文献　271

尼采著作缩写

AC 《反基督者》(*Der Antichrist*)

DD 《狄奥尼索斯》(*Dionysos-Dithyramben*)

EH 《瞧,这个人》(*Ecce homo*)

FW 《快乐的科学》(*Die fröhliche Wissenschaft*)

GD 《偶像的黄昏》(*Götzen-Dämmerung*)

GM 《论道德的谱系》(*Zur Genealogie der Moral*)

GT 《悲剧的诞生》(*Die Geburt der Tragödie*)

JGB 《善恶的彼岸》(*Jenseits von Gut und Böse*)

KSA 《研究考订版尼采全集》(*Kritische Studienausgabe in 15 Einzelbänden*)

MA 《人性的,太人性的》(*Menschliches, Allzumenschliches*)

M 《曙光》(*Morgenröte*)

UB 《不合时宜的沉思》(*Unzeitgemäße Betrachtungen*)

WA 《瓦格纳事件》(*Der Fall Wagner*)

Za 《查拉图斯特拉如是说》(*Also sprach Zarathustra*)

NL 《尼采词典》(*Nietzsche-Lexikon*)[Christian Niemeyer 主编,Darmstadt, 2009]

"倾听倾听,不断地倾听,倾听另外的自我(这可叫作阅读!)——像是肃穆起来了!"[1]

"我是在说神学—仔细听啊,我很少以神学家的身份来说教。"[2]

"我是一个极有个性的人。"[3]

---

[1] EH 人性的,太人性的 4,KSA 6,326。
[2] EH 善恶的彼岸 8,KSA 6,351。
[3] EH 瓦格纳事件 4,KSA 6,362。

第一章 狂　人

1882年，在《快乐的科学》第125节，尼采令"狂人"宣告，划时代的事件就要来了。这个疯子就像锡诺帕的第欧根尼，在大白天里提着灯笼招摇过市[1]，声称要去寻找"上帝"，继而便对着那些聚集在集市闲聊的人群大喊。人群对他的这个消息似乎毫无所知。他们反正不信上帝，于是这帮漫不经心的、受过启蒙的无神论者对着这位发了疯的上帝寻找者哄然大笑。[2]而疯子却令人毛骨悚然地描述了对人类的谋杀，天崩地裂，惊恐莫名：

---

[1] 第欧根尼（Diogenes Laertius）就是大白天打着灯笼的 VI, 41。如果说尼采所标明的时间准确无误，那么他已经在准备"正中午"进行的查拉图斯特拉的演说了。
[2] 哈斯不无道理地强调这种对比：聚集在市场上的没有信仰的人群对"狂人"带来的消息大加讽刺，并认为这是迟来的消息，甚至说这是多余的消息。他们的喧闹首先掩盖了这样的情况：狂人不仅仅是带来令人琢磨不透消息的信使，而且首先是真正意义上的上帝寻找者。他的厉害之处使得他与接受消息者有着本质区别。后者只是新闻的傲慢的消费者。

"上帝到哪里去了？"他大声喊叫，"老实告诉你们，我们把他杀死了，你们和我！〔……〕还会有天吗？！还会有地吗？！难道我们要迷失于无尽无休的空无吗？难道没有空间可供我们喘息吗？是否变得更冷了？降临下来的不会总是黑夜吧，不会愈益黑暗吧？〔……〕上帝死了，上帝真的死了。是我们杀死了他！我们这些最凶残的凶手，将何以自解？曾是这个世界上最神圣、最强大者而今喋血于我们的刀下，谁人能洗清我们身上的血迹？用何等样的水能涤荡我们自身？我们一定要举办什么样的祭礼、什么样的盛典呢？"

在他说到最后一个问题时，渐行渐近的超人的身影落在了这些杀害上帝的凶手身上：

这件事本身的伟大对我们来说难道不是太伟大了吗？难道我们不能使自身成为上帝，以彰显上帝的尊荣？[1]

狂人在这里喊出的乃是让·保罗（Jean Paul）所作演讲"死去

---

[1] FW 125, KSA 3, 480 f. 在早期的手稿里还是这样的："难道他〔凶手〕不会成为最强大、最神圣的诗人吗？！"（1881年秋，KSA 9, 12[77]590）

第一章 狂 人

的基督从其尘世的宝座跌落,上帝不复存在"的翻版。杜撰的演说者是被钉十字架者本人,上帝之子,是他宣布了他父亲的死亡。在尼采的讲述里,替代他的讲述者是一个疯子(在第一稿里替代查拉图斯特拉,并以主角出现)。[1] 之所以疯癫,有可能是因为他带去的消息,世人对这事件的后果茫然不解,他们以为在老相识那里早已记录在案,业已了结。

在尼采《快乐的科学》中,差不多将近100页以后,对让·保罗令人欣慰的梦境的悲剧性模仿才出现了转变,成了无拘无束的相反的设想。在《快乐的科学》第五卷开头,读者可以读到1887年第二版补充的段落[2]:

> 事实上我们这些哲学家和自由的精灵在听到"年迈

---

[1] 参阅比鲁斯(Birus)42 f. 和本豪尔特-汤姆森(Bennholdt-Thomsen),57-65;也参阅海涅《论德国宗教和哲学的历史》第二篇那著名的结论:"一种奇异的恐惧,一种神秘的虔诚不容许我们今天写下去。我们的心胸充满了令人骇然的同情——老迈的耶和华亲自为自己的死亡进行着准备。〔……〕你们听到丧钟在响了吗?跪下吧——人们正在给一个临终的上帝行临终涂油礼。"(海涅,77 f.)
[2] 那里有段文字开头是这样说的:"有一次查拉斯图斯特拉在大白天里点起灯笼招摇过市,声称要去寻找上帝!我要去寻找上帝!"(KSA 14, 256;参阅 die Notiz KSA 9, 12 [157], 603:"查拉图斯特拉重又埋头不语,陷于深深的思考之中。最后他梦幻般地说道:'难道说他是自杀的?难道说我们只是他的双手?'")查拉图斯特拉这个主角由此变成了狂人,这使得文本发生了戏剧性的变化。

的上帝死去"的消息时,就有种曙光再现的感觉;我们的心哪,充溢着感激、惊喜、预感和期待,地平线在我们的眼前终于自由地出现。[1] 即便还不那么明亮,可我们的船终于可以重又起航,面对任何的艰难险阻起航,大胆的尝试重又被允许;大海,我们的海,重又开禁,兴许还从来没有过"如此开放的海洋"。[2]

不再是狂人在那里说三道四,说话的是自由的俊杰;他有着自我意识,满怀自信;像是发现了真正的"圣典";案犯作案似乎理直气壮。在 1881 年《朝霞》一书的第 92 节,尼采在《基督教的停尸床旁》看到了自己。[3] 而今,在"上帝死后",他乘船远航,驶向开放的海洋上的朝霞。这是在 1887 年。

差不多在两年之后,在远离人烟的漫长航行行将终结的 1889 年 1 月,那个即将崩溃的人在他最后的话语中透露出这样一个消息:

尘世是美好的,上帝就在尘世间。您难道没有看见,

---

[1] 其起源参阅蒙提那里(Montinari)的评论 KSA 14,231。
[2] 这是可以想见的,尼采听到 R. W. Emerson 那种重新出发的乐观主义的回响,这可能是尼采在其后期文字中所得知的。
[3] FW,第 5 卷,343。

第一章 狂　人

普天之下无不欢欣？〔……〕

被钉十字架者[1]

这一来自行将就木、却持续不停地思考的头脑的最后消息的最早的读者会问，这当中到底发生了什么事？难道说，航海者在大洋彼岸上岸时，到头来又遇到了那"年迈的上帝"；难道说查拉图斯特拉的"死亡"说"只是一种偏见"[2]，而今得到了证实？抑或登船的哲人到达新岸时还是独处于冰雪黑暗的苍茫暮色之中？

探寻从"上帝死了"到"上帝还在人世间"之间的路径，乃是本书的主旨。[3]这条路径的重现不仅对我们理解尼采大有助益，而且有助于理解生发于这位诗人和哲学家的文学艺术、哲学和神学方面观点的现代性。他的这些文字，有的是在滔滔雄辩和诗意盎然之间走钢丝，有的是进行实验性写作的文献。实验性写作愈益令作者的存在处于险象环生的境地。他的文字同时也是对任何力图"理解"的读者提出了异乎寻常的挑战。

---

[1] M，第1卷，92，KSA 3, 85。
[2] 致梅塔·冯·塞丽丝，KSB 8, Nr. 1239, 572。
[3] 查拉图斯特拉曾对年迈的教皇这样说：查拉图斯特拉，KSA 4, 391。

因而，追寻从前一句话到后一句话的路径也意味着对阐释学的可能性与疆界进行一次探索。

对于大多数读者来说，似乎有种恍然大悟的感觉——只是，理所当然的卓见与简单的断语多半是相互排斥的。作者在写下这些语句的几天之后便被送到了精神病院，对于这些语句，显然不可赋予严肃的意义；自我神化属于自大狂的表征。所以，这最后的句子既不可视为哲学的表述，也不可视为神学的表述，而应引起医学界的关注。另一方面，显而易见的是，作者是作为一个绝望的上帝追寻者来宣布"上帝之死"的，差不多在最后一分钟，他还满怀虔敬地打算撤回他那渎神的诽谤。在接近崩溃的迷茫中，他像是那个被钉十字架者；也许是模模糊糊地感觉到受难的经验和自大狂有着某种联系，在这样的感觉中，作者与被钉十字架者成了一个人。

不用说，对于其他人而言显而易见的是，这（也许像在荷尔德林那里一样）到头来只是场讽刺性的角色模仿的演出。在这场演出中，尼采以其超越一切的言语行为发动其数十年所炼成的狄奥尼索斯的原则精神向着他所憎恨的基督教象征性地进行最后的冲击。自此之后，他以几近疯狂的、肆无忌惮的攻击性将其渎神精神推向极致。在他病染沉疴之前，他已然神志不清，最终丧失了语言能力。

20世纪70年代出现的新的原则上的抗辩，面临着那种率

第一章 狂 人

性而为的,对于前后不一致只是一味抗拒的解读的挑战。20世纪70年代的抗争派反对任何解释的尝试,反对对这些文字进行阐释学的解读。这样一来,一个阐释学者,若要像分析其他文学文本一样来分析一个心灵和精神都行将崩溃的作家的证词,难道不会陷入这样的危险境地,即未能以一种既就事论事而又富有人情味的方式,以不无适当的方式来处理作者的证词吗?这样一种阅读难道说能摆脱这样的危险:将明确无误地附着于反宗教激情的文字或是当作神学读物而吸收进来[1],或是

---

[1] 转折出现在 FW 3, 108 犬儒主义(KSA 3, 574)。很少有人注意到,场面与措辞皆与《悲剧的诞生》有关:"随着希腊悲剧的消亡,出现了到处令人深刻感受到的巨大的空虚。就如同古希腊比略时代一个船夫踏上寂寞的小岛,忽然听到一声令人震撼的呐喊:'伟大的潘死了。而今"悲剧死了"也响彻古希腊的世界。'"(GT 11, KSA 1, 75)尼采的语文学,特别是在 1945 年后重又回复了古老的传统。2004 年,威勒斯试图给予一种批评的尊重。诸如恩斯特·本茨(Ernst Benz)、本哈德·维尔特(Bernhard Welte)等神学方面的尼采阐释者,尽管威勒斯本人、索奥尔以及其他一些批评者有不同意见,这些阐释者还是获得了具有本质意义的启发,至少是在反基督教的耶稣接受的内在价值和特色方面如此。设若从中得出大胆的结论,情况也是如此。这样的情况总是值得深思的,这不仅关涉到将尼采轻率地归并于基督教。首先要感谢欧根·比色尔(Eugen Biser)所做的大量工作,他为恰当地理解尼采与耶稣和基督教之间的争论进行了不懈努力;给予这方面的研讨无可估量的激励。1938 年,卡尔·雅斯贝尔斯发表的薄薄一本名为《尼采和基督教》的书,讲的是尼采与耶稣、保罗,"被钉十字架者"与"狄奥尼索斯"之间的关系,以今天的视角观之是有些过于简约了,不过,这本小书真正推动了一场讨论(一些在 1933 年之后以德语出版的尼采研究资料在 1945 年之后还是能够原封不动地重印)。永远牢记的是卡尔·巴尔特(Karl Barth)、(转下页)

相反，伤害宗教的敏感性？还要说明的是，就在这个"自我"开始消解为分裂的身份前不久，尼采这个话语理论家将"自我"宣布为"文字游戏"；一会儿说是"恺撒"，一会儿说是"菩萨"，继而一直说自己是"狄奥尼索斯"和"被钉十字架者"；这当中大概还是"尼采"吧？因而谁还能说，在这种话语游戏的流转中来验明唯一的、不断思考的、写作的作者"自我"的真身，有多大的意义？在阅读这些文本时，永不餍足的阐释学会在哪里遇到它的边界？这并非单纯的反问句，在对旧有的文本进行阅读之前，它要求一些浅显的、方法学上的解释。要是有人对于预备性的说明不感兴趣，可将下面几页翻过去，直接阅读第三章。

（接上页）瓦拉迪尔（Valadier），还有威勒斯曾经的提醒：在为了理解尼采的神学而努力时，在对其进行批评时，对尼采的哲学却不加批评，毫无保留地接受而没有必要的审慎。沃尔夫（Wolff）最强调的乃是对此保持必要的距离。按照他的理解，在尼采所拟定的狄奥尼索斯—方略里，"基督教不再将异教吸纳于自身，相反，一种新异教要服务于基督教"。"狄奥尼索斯对抗被钉十字架者：对于基督徒来说，他对尼采的回答也只能是出于信仰的回答。"（Wolff, 89）Köster、Kleffmann、Mourkojannis 则为新教中对于尼采的接受打下了基础。

第二章 作者、文本、角色

1972年，雅克·德里达在其名为"马刺"（Éperons）的演说中将尼采晚期的文本和手稿说成是不可辨读的诗学，这已成为此后的后结构主义者接受的标杆。[1]德里达试图在他自己的阅读和写作风格中继续保持这种诗学风格：同样不进行解读，也确实没有进行解读。与此相应的是，他的阅读在长短不一的小说、剧本、片段和新论中间从不划分等级；尼采尚未写完的笔记和草稿也都夹杂、混搭在一起；其中还有伟大的哲学手稿（海德格尔曾据此来阐释尼采），里面居然也有无关紧要的、有头无尾的谜一样的记载。[2]

该说的已经说过，这里无须再加以讨论。令人印象深刻的、各有其结论的材料陷入自相矛盾的境地，这在后结构主义的尼采接受中是经常发生的事。在关涉某个作者某部作品的合

---

[1] 参阅贝勒（1988），也参阅 Stephan Günzel《德里达的文章》。NL 70f.
[2] 这里说的是单个的、没有加以评论的逐字逐句引用的言论，引号中的话是"我把我的雨伞忘记了"（1881年秋，KSA 9, 12, 587）。

法性时[1],这一断语绝非出自责难的意图,对于阐释学持续不断的、具有启发性的有效性来说,反倒是一种强有力的证据。阐释学具有自我反馈的能力,能对其使用范围进行矫正,并且无可替代。它含蓄地论证了那种反阐释学的、非建设性的流派,并掌控了有关材料。阐释学原本是将尼采文本作为信息、世界观、生活的格言来探寻其明确的意义,而今则为探寻文本本身的内在活力所取代。这些文本相互之间有着密切的联系,因为它们出自同一个作者之手,源于同一个作者的题材与论证关系和自我指涉。由此表明,阐释学能够进行根本性的修正。这种作者身份从原则上来说,不可再降至完完全全的全知型作者身份(为了文本的丰富多彩与多音性,也不应再加以减缩),这种身份会越来越强烈地提出这样的诉求:"我怎么会写出这么好的书来?"[2]

信件和手稿都是来自1889年年初的日子,这完全是尼采接近崩溃的关头。它们见证了他的衰竭崩溃,在其疯病发作之时,唯有艺术的、诗意的方法能够控制局面。[3] 与其将

---

[1] 具体内容参阅作者于1998年所写的有关文章。
[2] KSA 6, 298, 论原作的定义,参阅 Bosse 1981。
[3] "在尼采开始疯癫初期,其思想的极端化中也包含着天才的成分。"(Kleffmann 2003, 330)

第二章 作者、文本、角色

这些信件贴上疯病的标签,还不如中性地说它们是托名的。[1]过早地对这些文本做病理学的诊断,会扼杀多少真知灼见?想象一下,把《偶像的黄昏》抑或《瞧,这个人》贬为他发疯后的书,并且仅将其当作症候记录来阅读,会出现什么样的情形啊?

对尼采的探讨在方法上一定要慎之又慎,这既非为了证明尼采在其写作的最后时日里健康状况逐步好转,也不是为了证明他的健康每况愈下,因而对其文本的分析也就到此为止。不要进行这种令人感到阴森的竞赛,有意识地撇开文本产生的背景,而将这些叙事的文法纳入视野。所以,下面的探讨首先有一个方法上可以归类的前提。[2]

在新近的尼采研究中,流行着这样一种倾向:试图以非真实的面纱来掩盖一切[比如安德里亚斯·乌尔斯·索摩尔(Andreas Urs Sommer)],而在某种程度上,则招致由解构式阅

---

[1] 文集的范围是经常变动的,至少书信和信稿属于文集的范围,特别是1889年1月份里那几个礼拜的信稿。一些书信的主题在1888年12月份的信中已有所准备;后来发病并被送进医院还有字条等出现,所有这些字条已经无法辨认,这些字条不在考虑之列。
[2] 在当今尼采研究中,这种说法流传甚广。即使 Montinari 在其对尼采所有的文本(从1888年秋一直到尼采发病)所写的后记中,也只是把所有这些文献当成是病例来读,认为这些文献的作者已经愈益不可作为研究的对象(KSA 6, 453)。

读实践所净化的阐释学的抵制。[1] 其对象是弗里德里希·尼采最后的文字，亦即 1888 年至 1889 年间的书信和著述。1888 年至 1889 年，乃是他最后清醒的岁月，是连他自己都觉得讶异的"充满奇迹的年月"（annus mirabilis）。[2] 当时，尼采已发表了不少著述，还有决定发表的文字，比如《瓦格纳事件》《偶像的黄昏》《狄奥尼索斯颂歌》，以及最后的信件和手稿。除此之外，还有笔记、为著述做准备的或是伴随著述的随感，等等。所有这一切都给予发生史和可能出现的影响史一个语文学的答案。

有关"著作和遗存之间的关系"这一问题，在最近的语文学讨论中颇多争议，也富有成果。[3] 这一讨论往往有利于后者，

---

[1] Sommer 2004, 84. 自德里达与保罗·德·曼之后，Solomon/Higgins 两人曾从"后现代"和"解构主义"的角度出发，对尼采进行了根本性的研讨。前两部分论文由 Koelb 出版（1990, 21—124），1977 年由 Allison 所出版的文献（*The New Nietzsche*）则从法语的角度出版（其中收进了几个大家的文章，如德里达、Kofman、Deleuze、Klossowski、Blanchot 等人的文章，而且还有海德格尔对查拉图斯特拉的解读）。

[2] 参阅 EH 的后记，KSA 6, 263。

[3] 这是福柯在一次关于出版尼采全集的采访时所说的重点。福柯提出"警句弥散"的概念："在作者浩如烟海的出版文本中，会出现其他可能的文本的弥散模式；表面上完全不同，但实质上却几乎完全相同。作者有很多没有发表的文本，这些文本是他所拒斥的。在这些文本的包围中，书重又成为分散的孤立事件的世界。而这些事件又通过神秘的重现、矛盾、排除和嬗变所织成的网络相互联系着。话语超越任何综合、修辞的联系而显示为事件的烟尘。灵机一动的想法、发生的语言、话语的入侵——所有这一切都是尼采和他同时代的朋友马拉美所共同面对的问题。"（福柯 2005b, 1025 f.）

第二章 作者、文本、角色

而面对比较稳定的"著作"概念能否应用于尼采的著述则持怀疑态度。实际上,很多情况表明,语言批评和主体批评在这些著述中还会继续发展,至少在修辞学上被推到了极致,使"著作"这一概念变得强而有力,并使"作者"这一概念流芳百世。这样一来,各种各样的想法就会层出不穷,最后汇成一部大书。

如果沿着相反的路径,那么接踵而至的便是同样争论不休的决定(用施莱尔马赫的话说),就会置精神发展向度于优先地位:出于对作者阐释学的尊重,作者就会对手稿和作品进行区分。尼采对于这种区分一直忙着进行探寻,他不停地写信给出版社,亲自设计封面和版式。如果说在什么地方能证实阐释学准则的话,那就是在这里。作者亲手书写的文本别有用意。作者是在追求一种原则上有别于文本的效果,完全有别于遗存的不断变化的、重新加以解读的、加以修正的记录。正是在尼采最后的年月里,这些笔记显而易见地具有这样的倾向:赋予某些发表的东西以最大、最广的影响力。

不过,一个如此恳切地用语言来描绘话语自身的运动及其施加于我们思想的魔力如何保持那意味着作者霸权的自我呢?这些文本的主体如何控制分散的力量呢?后者已在尼采语言哲学的主体批评中自我消解于语法导致的错误结论，消解于话语自身的运动和语言游戏之中。早在1887年，尼采在《论道德的谱系》中就吸收了利希滕贝格（Georg Christoph Lichtenberg）的想法，并做进一步思考。在笛卡尔的"我思"中，"我"就像在"电闪"（Es blitzt）这个句子中的"Es"："Es"这个主语只是语法上的主语。这种势所必然的语法主语将任何事件理解为行动，而将行动者强加于任何行动。[1] 在《偶像的黄昏》中，尼采曾概括了他于1888年进行的批评：

> 当我们意识到语言——形而上学的基本前提，用德语来说就是理性的基本前提时，那么我们就会化身粗鄙的拜物生灵。它的目光所及都是行动者和行动〔……〕我担心，我们无法摆脱上帝，因为我们还相信语法……[2]

稍后，他补充道："这就是我！这成了一个寓言，成了杜撰，

---

[1] Martin Stingelin 证实了这一点，并且回到这样的问题：尼采本人的主观性和其作者身份如何？（Stingelin 1999 和 2002）利希滕贝格曾说，世人应是"我思故我说"。
[2] GD 哲学中的理性 5，KSA 6, 77 f.。

第二章 作者、文本、角色

成了文字游戏〔……〕"[1]

这些句子的作者如何捍卫他的自我,如何捍卫他作者身份的权威性?他按自己的意愿玩起了语法,他成了杜撰的杜撰者、传奇的炮制者,忠实于他在《快乐的科学》中已经表达过的意图:"我们要成为我们生活的诗人。"[2]不管在这里"我"是谁,可以叫作什么,总还是"以叙述者和叙述现形"。[3]

作者就是这样来表现自己的。他在《偶像的黄昏》中曾经将自我斥为传说和文字游戏,紧接着在《反基督者》和《瞧,这个人》中,他又特别强调,自己就是那个高度清醒的作者抑或言说者。作为叙事者的自我演变为主体哲学中不那么牢靠的自我:他抓住自己的头发想要自拔于语言批评的泥潭。[4]心向艺术的意志还可能包括那些自我导演的演出,后者是在文本之外上演的,完全是为了丰富文本,如果不是为了文本能得以成立的话。托马斯·曼曾在其于1947年发表的一篇迄今尚无人超越的有关尼采的文章中写道:"他很清醒,直至他最后时

---

[1] GD 四大误区 3,KSA 6,91。
[2] FW,第4卷,299,KSA 3,538。
[3] 这一点在 Haas 那里也当作主题。他在导演部分一开始便问道:"尼采采取了什么样的叙事将宣布介绍给读者?"(Haas 2003, 31)他继之而来的研讨很大程度上针对的仍是"宣布"。
[4] 参阅 Petersdorff 2002。

刻的自我神化,直至他陷入深度疯癫;这生命是一种艺术的呈现。不仅从绝佳的表达来说,从最内在的本质来说亦如是;这是一出令人倾倒的抒情的悲剧",哪怕是在看似"脱离了理性的自我意识的狂乱"中。[1]

尼采最后的文字中经常顺便地、不厌其烦地提到《叙说》。最晚是在《反基督者》中重又说起,成了他最后文字的主题。在基督教和教会被攻击的层面,一边反击"基督教开始于行奇迹者和救世者的拙劣寓言"[2],即同时代历史批评中的《圣经》批评[3]——"我讲述的是基督教的真实的历史"。[4]在下一卷,即《瞧,这个人》这一自传里,尼采也以同样的方式引入自己的历史:"我把我自己的生活讲给自己听。"[5]在回顾他自己的著作时,这些著作构成了他自己的历史最核心、最丰富的部分,根据他自己的判断重又开启了最关键的事件:"我现在讲述的是查拉图斯特拉的历史"[6],继而列举了一系列证据。被强调的自我、作为讲述者转向听众的自我,不仅安排策划了自己,而且也常常安排策划媒介的变换:一是文字媒介中所杜撰

---

[1] 托马斯·曼 2009,220 和 193。
[2] AC 37, KSA 6, 263.
[3] 参阅 Benne, 2004。
[4] AC 39, KSA 6, 211.
[5] EH[后记], KSA 6, 263。
[6] EH 查拉图斯特拉如是说 1, KSA 6, 335。

第二章 作者、文本、角色

的口头表达,一是对"声音优先于文字"的颠覆,正如德里达在《论文字学》中所说的。

不过在这里,什么是"讲述"呢? 能够讲述的文本需要满足两个条件:首先是它们表现为语言形式的事件,事件中有人物在活动;所谓"事件"是说,至少有两件事[1],彼此有因果联系[2],从一件事中可以讲出一个故事来。[3]其次,这些事件通过讲述层级加以中介,而讲述层级则是人物讲述世界的一部分,但亦可脱离讲述世界;讲述层级可以积极地抑或感情用事地纠结于所讲述的事件,或是与事件保持距离。[4]在现代派文学中,这种模棱两可的情况具有很大的意义。其中也要包括具有标志性意义的事件的不在场,唤起读者对文本的期待,而

---

[1] 这首先是由 Boris Tomaševskij 引进来的叙述理论概念,在这里只是包括那些被 Matías Martínez 和 Michael Scheffel 在其《叙事理论初探》中所提到的事件,这些事件在他们看来都是强有力的。
[2] 亚里士多德将事件区分为两种,一种是"由其他事件所引起的事件",再一种即为顺势顺序而出现的事件。今天流行的理论则源自 E. M. 福斯特,他将事件分为"故事"(story)和"趣事"(plot)。
[3] 参阅亚里士多德的《诗学》,1982,6 f.。
[4] 这里 Genette 介绍了"叙事"的两种意思,它们相互依存:一为叙事自身的行为,再一个即为真实的抑或虚构的事件的顺势而为,这些事件组成了话语(Genette 1994,15)。两个条件:事件的表述间接性一定只和所说文本中起决定性作用的成分有关(至于何为主导因素,那就是阐释的问题了)。完全不可排除的是,作为叙事的文本也包含了广泛的、有说服力的、令人回味反思的段落。

后又使之对其深感失望。[1]表现一个人物，其最大的作为便是无所作为（比如冈察洛夫的《奥勃洛摩夫》），或是宣称事件会发生，但在长久的期待中并没有发生（比如贝克特的《等待戈多》，或是其后来的散文作品中的描述）。

在面对尼采最后的文本为神话所浸染的人物和故事世界时，这种叙事性的叙事概念需要扩充至文化符号学的意义，亦即让-弗朗索瓦·利奥塔所说的"宏大叙事"（*grands recits*）。在这些叙事作品中，某些占主导地位且经过时间考验的世界观、人的典型形象，以及历史上的事件，对于特定的文化都有不言而喻的意义；都是史家笔下被浓缩的历史。它们会以文本、图片或是礼仪的形式流传下来。紧接着维特根斯坦"语言游戏"的观念，利奥塔谈到"叙事在表述传统知识中的主导形式"。问题都可归结于"教育（或者说教养）是积极正面的还是消极负面的"。[2]在法文文本中，教育/教养一词（Buildungen）用的也是德文。因为在利奥塔看来，占主导地

---

[1] 按照罗特曼的概念是"没有主语的"文本。
[2] Lyotard对这一概念曾解释为"英雄的大无畏所能成就的成功或失败。成败要么赋予社会建构以合法性（神话的功能），要么是标示出在成为定势的建构（传说，童话）里正面的或反面的整合模式（幸运的或不幸的英雄）。因此这些叙事一方面可以对社会职能的标准加以定义；另一方面，可以以这些标准来评价这些英雄在这个社会中所完成的业绩"（Lyotard 1986, 67 f.）。

第二章 作者、文本、角色

位的叙事套路乃是病原学神话的传记变体:"教育小说"意义上的教育史所叙述的乃是"人是如何改变的,人变成了什么"。在学术的讨论中,一个人正像一件事、一个论点、一个发现来扮演其中的主角,在文本展演的过程中,人、事等等都像角色一样被讲述。[1]

尼采最后的文本之所以能够成为文本的核心问题就在于此。这位哲学家所讲述的(或者说将其讲述内容哲学化的)都是角色——其大小都令人瞩目,都在青史和神话中流芳百世。他们是"瓦格纳"和"帕西法尔","耶稣"、"保罗"和"狄奥尼索斯","查拉图斯特拉"、"反基督者"和"被钉十字架者",有时也有"尼采"。与艺术宗教既可爱又可恨的牧师进行最后决斗的标题为《尼采反瓦格纳》,这是对一场斗争最后的描述。决定发表的组诗名为《狄奥尼索斯颂歌》,哲学家在组诗中追求自己的意图,不再诉说,而是"吟唱"。[2]以《反基督者》与《瞧,这个人》来号召《圣

---

[1] 这一考虑在 Daston 2000 那里继续展开。
[2] 在 1886 年出版的《悲剧的诞生》新版本的前言中有这样的文字:"不管怎么说,在这里说话的是——人们怀着好奇或反感不得不承认这一点——一个陌生的声音,一个'籍籍无名的上帝'的信徒,——是个神秘的、几乎狂乱的人,他既费力而又随心所欲地、仿佛用别人的舌头结结巴巴地说话,几乎无法弄清他是全盘托出还是有所保留。这个新的'灵魂'本应该唱,而不是说!"(GT 自我批评的尝试 3,KSA 1,145 f.)

经》中的人物[1]，这些人物立即肩负起历史的重担。仔细看来，这也适用于所有人物：他们已经将全部时间进程的模式承担起来。一旦呼唤他们的大名，就会立即使人联想到他们的历史。下面这些文本是被严肃对待的一个叙说者的文本，叙说者也愈益作为他本人的叙说者而凸显出来，成为他自己的主角；这是因为他将自己哲学的论点和思路转换成了角色和故事。

这是从《反基督者》开始的。与查拉图斯特拉（完全脱离了同名的历史人物）不同，"反基督者"一方面是作为虚构人物被讲述的，而后尼采又像对待一个现实中的对手一样来对他加以评论，他成为一个角色，而作者本人进入了这个角色。查拉图斯特拉一直就是"他"，而反基督者一直就是"我"。所以，假如下面这一文本中的"我"总是被称为"反基督者"

---

[1] Sommer 却有所不同："不是一个人，而是一本书，正好是《反基督者》，似乎在进行着那种罕见的反基督的价值重估活动"、"这时，因为书籍基督教也只能用书来加以克服"。所以说，"尼采的《反基督者》一书不是一个人，而是一本书，一本有着定冠词的罕见的书"。（Sommer, NL 26）我觉得这一论点极为尖锐，可它是错误的。在《反基督者》的文本里没有哪一处明确表明"说话的我"就是"反基督者"。针对这一说法，可以有这样一段说明："在不是语文学家，不是医生，同时也不是反基督者的情况下。"（AC 47, KSA 6, 226）至于他之所以在《反基督教法》签名为《反基督者》，这就需要阐释的功夫。这里本应签个人名，代之而起却是一个书名。

第二章 作者、文本、角色

（而不是直截了当地称为"尼采"），那么就得考虑修辞上的角色承担——尽管在这件事情上，反基督者先前带来的意见与作者的意见相符，这是不容怀疑的。这个"我"只有作为"反基督者"才可面对基督，并和他一起进入名副其实的事件中；只有从角色修辞学中解脱出来，下面文本中的角色设计才是可信的。因为紧接着《反基督者》的《瞧，这个人》也是以《圣经》中的人物和场面来命名的。如果说在其最后的书信中，"狄奥尼索斯"和"被钉十字架者"交替使用，那么就应将这里开始的继续下去。

尼采在遗稿中谈起他笔下的角色以及他们的故事时，是以哲学的口吻来叙述的。他也常常将其角色及其故事人格化。[1]

---

[1] 正因为如此，尼采经验最为丰富的传记作者一定要论说"尼采的后哲学著作"，并选择了《瞧，这个人》来切入，曾写下《灵魂自我表达的尝试》，该文"摆脱了哲学的诠释"（Janz 1978/1979, Bd. III, 23），围绕着《新尼采》（*The New Nietzsche*, Allison 1977）所进行的阐释学的后结构主义讨论表明，在辩驳和论战、宣传性小册子和叙事之间很难划出清楚的界限，而且很难贯彻到底。通常区分为哲学的和诗学的，反思的和叙事的写作实践之间的联系，早就分为实验性的后期作品，比如《瞧，这个人》《狄奥尼索斯颂歌》这样的叙事。人们会联想到《悲剧的诞生》中的叙事成分，连同其幻景与图景的描述，连同其对希腊神话的改写与密教祭司念念有词的模仿中的叙事成分；还会联想到警句、格言和按照（在《人性的，太人性的》中的）法国道德主义者的榜样来进行的反思的记录中也有叙事的成分。人们还会联想到哲学论文与文学表现形式的结合，比如在《放逐王子诗歌集》所书写的那样。诗歌集在1887年出版的新版《快乐的科学》中有所补充。最后还会联想到徘徊于探讨和叙事之间，（转下页）

这里可以先看看《角色中的思考》。从这些角色相互关联的程度来说，行文中出现了主题与题材相互关联的网络，一种不仅是论点上的，而且也是叙述上的关联性。这些遗稿越来越显示出它们之间直接的相互关联性，从而开拓出它们自己的神话学。

在写作的层级和文本中其他角色之间不管有多么激烈的争论，也不管面对叙述者的叙述在独立性方面走得多么远，这些著作的著作权属于作者自身这一点是不容怀疑的。相反，对尼采的哲学主体所独有的批判的坚持，以及对以讲述的方式而成就为诗人一生的事业的忽略，在新的尼采—语文学研究中有时会导致一种语言使用上的矛盾。在没有重提文本主题的情况下应当研讨文本之间的关系，这些文本没有通过文学的方略，就像通过这位讲述角色，亦即这个在交互印证的神话角色中自觉脱颖而出的"自我"，而显得相互之间

（接上页）比方和颂歌之间，《查拉图斯特拉如是说》中诗歌和散文诗之间的尴尬场面。在"狄奥尼索斯"的光环之下，尼采的著作无论在哪里都努力退回"诗与知"（Schlaffer 1990）之后。正因为如此，它们从一开始就以某种方式跟在"哲学之后"；同样也属于哲学的范畴。这种重新评价所取得的成果明显地表现于 Wolfram Groddeck 为《狄奥尼索斯颂歌》所作的两卷本的评论之中；《狄奥尼索斯颂歌》和尼采晚期哲学著作是同一级别的著作。Rüdiger Schmidt 和 Cord Spreckelsen 所撰写的有关尼采最重要著作之一的《瞧，这个人》的入门系列也受到大家的关注，一如《悲剧的诞生》抑或《查拉图斯特拉如是说》。

第二章 作者、文本、角色

具有根本性的联系。这种文本主体在继续下去的自我反省过程中（这一过程往往是具有哲学意味和诡谲的），名字和地位都可以在无法预见的情况下加以调换；丹尼艾拉·朗格尔（Daniela Langer）的分析首先指出了这一点。也正因为这样，同样的文本主体保持不变。

此外，自称与扉页上的"弗里德里希·尼采"等同，作者的资格便由此得到了证明，这一文本主体表现了尼采著作最私密的源起条件和写作意图：必须不对共同考虑的与每次重新确定的角色承担做出任何改变。然而无论如何，总是要赋予它们一种由著作权产生的相关性。[1]

下面所说的有一个连续性前提：文集具有起源史和实用性的相关性；这种相关性是通过作者的名字以及经验作者通

---

[1] 即使在单个的句子之间也能建立起联系。比如，在《瞧，这个人》中，有一段是照抄尼采给威廉二世皇帝的信的手稿（"为什么我是命运"，参阅 KSB 8, Nr. 1171, 1888 年 12 月初, 503）。Weijers（不像 Shapiro）对于尼采在第一人称叙事中的碎片式主语不置一词。在这些文本中，尼采不仅是作为作者来叙说，他对其作品本身也进行接受的反思，并且超越叙述者角色以塑造其生活。相互关联的生活叙事，是一个叙事者的肯定回答。这个叙述者由"以前我是这样的"变成了"以前我是这样想望的"（Weijers 1994, 38）。除此之外，任何针对作者介绍的内聚功能的阐释性读物，都是以相应的应对态度为前提的。当然，持有不同态度也是可以的，不过这要做出不可避免的决断。Jannidis（1999）对此有着奠基性的贡献。

过角色扮演建构和标示出来的自我指涉。[1]这样的持续性延伸至业已发表的文本、将要发表的文本，包括其初稿和草稿；还延伸至最后的书信往来。恰恰是这些书信和书信手稿相互密切地联系在一起，它们也是通常意义上的著作。尼采在《狄奥尼索斯颂歌》中曾对查拉图斯特拉—歌曲的名字加以更改，差不多在同时，他开始将一些信件标题为"狄奥尼索斯"；对于一些信件是将其归于"私人信件"还是"公开信件"，他也无法确定：他将一份《教皇通谕》让科西玛·瓦格纳拿去发表；写给政要和教会权贵的信函，或是"致亲爱的波兰人"的信件，他都归诸公开信件；而他写给亲友的信件，口气就像一位先知，受到委托传达启示。最后亚历山大·内哈马斯（Alexander Nehamas）的伟大研究将尼采的语文学从集中于单一的"首要学科"中解脱出来，取而代之的是持续不断的生活和写作场景。

我们如何对作者及其讲述的人物加以界定呢？是这样的：尼采的《反基督者》和《瞧，这个人》只要是被作为哲学研讨的作品来阅读，并且在研讨中论点得以发展，论证得以阐发，

---

[1] 对于《反基督者》来说，Janz 曾质疑这样的说法，在这里他宁肯主张是尼采在转移视线，转移到他和神学家 Julius Kaftan 的谈话所引发的几个命题，首先是"诅咒基督教"的问题（Janz 1978/1979, Bd. II, 650-667）。

第二章 作者、文本、角色

旧的文本得以重新阅读,那么从写作层级上来看,此人就是一个诗人哲学家和哲学诗人,他的大名便是弗里德里希·尼采。如若他把辩论转换为具有神话模式的叙事剧,那么作者就是在编造一个(在文本之间可能常常变形的)"角色—自我"。这样的区分并不排除"自我"的看法和作者的看法一致的可能性。然而这种区分对于论据和语言游戏可能的变异与转换保持着警惕,并对文本的叙事张力加以关注。这些文本也带来了它们新的类型规律。

所以说,对尼采最后文本的解读既不是哲学的,也不是神学的,更不是医学的(但不可放弃对这些问题的讨论),而是文学的。索摩尔曾对这样的理解尝试提出批评:比如认为,在尼采与耶稣的关系中可以看出一种在灵魂体验中完成的"与另外一个人物的认同"。[1] 实际上,对我们来说,男子尼采的"灵魂体验"原则上是无法探知的,他的文本做出了很大的努力,为的是验证"我"的自我公式,而这个"自我"则"变成了文字游戏"。为此,我觉得丹尼艾拉·朗格尔的建议很有助益。这里说的"认同"不可理解为心理现象,"而是应当理解为一种纯粹的文本现象:在文本中所完成的说和写的自我与另外一

---

[1] Sommer 2004, 78.

个人物或角色等同起来"。[1]

在写作过程中作为跨文本的联系所产生之物,乃是现代派和基督教与古希腊、罗马神话学的诸多伟大争论之一。阅读作为哲学——叙事实验的尼采的最后文本,以及一些西方的宏大叙事,意味着以下情况:确定在文本中所吸纳的角色名字、神话的故事梗概、圣像学和叙事模式,并对它们一一加以分门别类;并对受其支配的新思路和叙事方式加以重建;在它们的语言游戏中,在其学术术语和叙事的变异与融合中发现它们的规律性。

这种解读要尽可能慢慢品味,细细赏析。因为阅读的目的是重建,重建是一种特别复杂的、盘根错节的文本发生过程,所以要尽可能不下判断(对这些文本很难避免做出情绪上的反应)。"他所呈现的,"托马斯·曼说,"远远不只是艺术":

> 阅读他也是一种艺术,绝不可随随便便,率性而为;阅读他的时候需要的是狡黠、讥讽和矜持。谁要是把尼采"真正"拿到手,逐字逐句拿到手;谁要是相信他,那这个人就完了。

---

[1] Langer 2005,148,参看(34)。

第二章 作者、文本、角色

慎言之:阅读他的时候要抱持着狡黠和讥讽的态度;一旦抱着这样的态度,矜持几乎就会自动到来。为了说明这一观点,托马斯·曼最后引证尼采的阅读提示:

> 在解读我时,完全没有必要,也根本不要希望对其进行表态:相反,有那么一点儿好奇,就像面对一棵奇花异草那般好奇;有那么一点儿讥讽的抗拒,这对我来说便是无与伦比的明智的态度。——敬请谅解!我写了一些幼稚可笑的东西——一个脱颖于异想天开的、令人喜兴的小秘方……[1]

我们以此开始研讨尼采叙事的重建工作:追寻初始问题的答案,即追寻从"上帝死了"的宣布到他出人意表地在一个神化的幸福世界里回归的路径。

---

[1] 托马斯·曼 2009,222。这里所引证的是尼采于 1888 年 6 月 29 日给 Carl Fuchs 的信,Nr. 1075,KSB 8,375 f.。

第三章 最恶之人

在"上帝死了"之后,理查德·瓦格纳也走到了尽头。与后者最后的诀别使尼采陷入了一种奇异的矛盾之中。他满怀深情地对瓦格纳的《特里斯坦》,甚至也对《帕西法尔》[1]发表了评论,并一再表白:"我曾爱过瓦格纳"[2];与此相应的是,这个"尽头"如同"上帝之死"似乎也同样是一个奇异的事件。

在《瓦格纳事件》与扩编的《尼采反瓦格纳》中,德国艺术宗教最具雄心的事业受到了一个叛徒的攻击。这个叛徒在不久前还自诩为最热心的门徒。门徒成了变节者。[3]瓦格纳比任何浪漫派作家更热情澎湃、更实用主义地在他面前以千钧之力

---

[1] EH 我为何这么聪明 6:"我至今还在寻找一部作品,既有魅力,又令人恐怖;就像特里斯坦那样使人有种无限甜蜜的感觉;我在所有艺术形式中找啊找,可就是找不到。"(KSA 6, 289) WA 中的引用如下:"女巫喀耳刻乃是他最后的作品,也是他最伟大的杰作。帕西法尔这个形象在艺术中会有其永恒的地位。我真想自己来完成一个这样的作品,可我自知……"(KSA 6, 43)
[2] EH 瓦格纳事件 1, KSA 6, 357。
[3] 现今 Seitschek、Ronell 以及 Sommer 有关《瓦格纳事件》的文章乃是令人信服的文章。Sommer 2008, 435-440, 441-445.

第三章 最恶之人

和冲天的干劲宣扬和实践这样一种艺术,一种取代一切俗常宗教体系的独立的艺术,一种"反教会"的艺术宗教的艺术。[1] 紧接着,他以个人身份,同时又以预言家和神父的身份来营造一个宗教建制的完整体系,这个体系有着自己的神话和教条,自己的礼拜和礼仪。如若取得成功,一种独立艺术的自由会对所有参与者自我扬弃,对于发起者自身来说,则另当别论。这么一来,宗教和艺术之间的竞争关系也不复存在,有竞争关系的乃是宗教与宗教之间。若不成功,则首先归咎于诗人哲学家。自1883年4月开始以反基督者的身份来组织反对教会基督教的斗争后,诗人哲学家就是一个嘲讽的反基督者,来应对艺术宗教的基督。[2]

尼采认为,瓦格纳影响之大的根本原因就在于"颓废",在于纵欲和诱惑,从而削弱了人的生命力。而生命力是将救赎者与被救赎者联结在一起的力量。尼采说:"瓦格纳的艺术是病态的。"[3] 在这个曾经全身心投入的瓦格纳迷身上,亦即在尼采自身有种克服颓废的力量来对抗这种病症。他坦承:"我

---

[1] 这里要确定"宗教"和"艺术宗教"的概念,参阅 Detering 2007 和 Auerochs 2006。
[2] 写给 Malvida von Meysenbug,约在1883年4月3日或5日,KSB 6, Nr. 400, 357。
[3] WA 5, KSA 6, 22.

也像瓦格纳一样是这个时代的孩子",在关于瓦格纳的著作开卷,他写道,"说到颓废,只有我理解颓废,也只有我反对颓废。"[1]尼采曾对瓦格纳的艺术宗教加以解构,说它只是追求表面效果,玩弄技巧性的精致(这种精致技巧具有他总是难以抗拒的美学魔力),也就是这个尼采,已经开始营造一个艺术宗教自我授权的变种,从而将艺术宗教的事业推向了高潮,而后又强词夺理地收回。(到头来是自我神化。有病理学症候相伴随,大大有利于神化,不过不应过急地清算病理症候。)

历史是他在最后几个月写下的,是他情绪最为激昂,成果也最为丰硕的几个月。在他结束了有关反救赎者查拉图斯特拉[2]反《圣经》的工作之后,在他清算了瓦格纳的艺术宗教并总结了1888年《偶像的黄昏》中所体现的晚期哲学之后,他在变化了的条件下重又转向基督教。争论的焦点是"重估一切价值"和"权力意志"的问题,尼采曾打算用这样的标题写书呢。不过这个计划他又放弃了,大约是在1888年10月或11月,因为在这当中他认识到,"价值重估"已经于9月30日在《反基督者》中写过了:"我的价值重估"在题名为《反基督

---

[1] WA 前言,KSA 6, 11。
[2] 尼采常常使用这样的表达方式,比如,他在1888年11月26日给他的朋友 Paul Deussen 的信中曾称他的《查拉图斯特拉如是说》为"数千年来才有的一本书,是未来的《圣经》"(书信1159,KSB 8, 492)。

第三章 最恶之人

者》的那本书中已经结束了。[1]

《反基督者》至今享有的主要声誉并不符合对尼采的评价,这一名号唤起这样的期待:首先是他的著名论点与对基督教的责难再一次地尖锐化。另一方面,文本也缺少诗的魅力。而在《查拉图斯特拉》中,尽管有种种缺憾,可还是不乏诗意。只有伴随伟大的工作,《反基督者》才能获得尼采所赋予它的中心地位;伟大的工作是指最近展开的对尼采与神学的关系(反之亦然)的研究。

书的标题是《反基督者》,《约翰一书》和《约翰二书》的作者曾告诫世人[2],要对反基督者保持警觉;这个标题还指出"反—三位一体",后者由恶龙、海妖和陆怪组成,出现在世界末日预言的幻象里。在世界末日的预言中,无论是在教会史还是艺术史中,所看到的都是反基督者可怕的映象。[3]["反基督者"这一标题不仅涉及《圣经》,也影响到欧内斯特·勒南(Ernest Renan)所撰写的《耶稣传》。该书后来甚

---

[1] 写给 Paul Deussen(书信,KSB);1888 年 11 月下旬的多封信里,也有类似的表达。
[2] 1 Joh 2, 18, 22 以及 4, 3 和 2 Joh 7。"是说那里有个人,反对基督,反对对他的皈依。不过这个人也只能在语言上做得到〔!〕,要取基督的地位而代之。背后的传统却说起一个形象来,他较之来世论者能更好地保持中立。"(Klauck, Sp. 531 f.)
[3] 参阅 Klauck,同上书。

至成了批评的箭靶。][1]

该书开卷就不断强调尼采最后在其《偶像的黄昏》中特别尖锐地提出的东西。前言充溢着寂寞的情绪，在前言和序幕章节（《我们是许佩博雷人》）之后，第二章便提纲挈领地对查拉图斯特拉的教导加以总结，并再一次强调了四个问题和回答，三个插进来的反命题和一个原则。最后的结果是简明扼要的反基督者问答手册：

> 什么是好？——所有提高人的权力感、提高权力意志、提高人的权力自身之物，便是好；
> 什么是坏？——来自软弱的一切，便是坏；
> 什么是幸福？权力增长的感觉，克服抵制的感觉。
> 不是满足感，而是更多的权力感；不是和平，而是战争；不是道德，而是才干。[2]（文艺复兴式的道德，virtù，即从道德中解脱出来的德行。）

---

[1] 尼采曾仔细研读了勒南（Renan, 1823—1892）的《耶稣传》，除此之外，还读了一部取名为《反基督者》的书，该书亦是勒南长篇系列《基督教起源史》（1863—1883）中的一部。按照他自己的记载，他于 1886/1887 年读了这部书："这年冬天我读了勒南的《基督教起源史》，充满着恶意，而鲜有教益。"

[2] 一个字源性的语言游戏："道德才会使得能干者的古老字义显示出来。"

第三章 最恶之人

> 弱者和失败者应该毁灭,这是博爱的第一法则。应为他们的毁灭施以援手。
>
> 什么比罪孽更有害?同情弱者和失败者——基督教[1]……

基督教对任何一个"更高级的人"所展开的"死亡战争",已经进行了两千多年;他们也是"应加以驯养"的、可称作"超人"的人。[2]这场战争由反基督者发起总攻,而今又回到了原点。"针对罪孽的死亡战争",战斗檄文的结尾有这样的号召,标题为"反对基督教的律条"。[3]这场战争的反对者化装成形形色色的角色出场:有的是狂热的进步历史哲学家,有的扮演康德的责任伦理学家,有的以柏拉图唯心主义者的面目出现,有的则作为社会活动分子登场,有的变成了无政府主义的绝对

---

[1] AC 2, KSA 6, 170. 明确反对耶稣同情心的这种思想业已见于《查拉图斯特拉如是说》:"我在等待这一时刻,在这一时刻你们会说,'我的同情有何价值呢?那同情不就是十字架吗?!那个爱人者不是被钉在上面的十字架吗?可我的同情并非被钉十字架'。你们如此这样说了吗?你们如此呼喊了吗?但愿我听见了你们这样叫喊了!"(《查拉图斯特拉如是说》,前言3, KSA 4, 16)

[2] AC 3-5, KSA 6, 170f.

[3] 我在这里接受了由 Montinari(KSA 14, 450-453)在 EH 中所作的规整排序。在 1888 年 12 月初给 Georg Brandes 的信中,尼采提到"反基督者签订了反基督教法",以此作为那一文本的结论(Nr. 1170, KSB 8, 502)。

平均主义者。一句话，在基督教道德看来可以为之奋斗的价值，在反基督者看来则是一种"败坏"，是一种"颓废"[1]，是一种以理想主义为修饰的虚无主义。[2]反基督者准备揭示什么的时候，结果出来的乃是"前所未有的地下阴谋"。[3]

被告的强大阵容完全处于边缘状态，尼采全书的最后转折处完全成了庭讯演说，原告同时也成了法官[4]，被告显而易见地成了拿撒勒的耶稣。这是因为对于反基督者来说，基督教中最恶劣的是"同情"戒律，它暗中破坏了"优胜劣汰"的发展规律（这里完全是社会达尔文主义），因此也就破坏了生命的自我保存和价值提高的本能，简言之，这就形成了"虚无主义的实践"。其恶劣的后果可以用耶稣的例子加以证明：

在某些情况下，由于它（同情）的参与而造成生命和生命之能量的全部丧失，丧失与其原因的数量形成一种荒谬的比例（比如拿撒勒死亡事件）。[5]

―――――――――

[1] AC 6, 172.
[2] AC 7, 173.
[3] AC 62, KSA 6, 253.
[4] AC 62, KSA 6, 252. 关于艺术展示的策略，见 Sommer 2001。
[5] AC 7, KSA 6, 173.

第三章 最恶之人

顺便说说,被钉十字架者在《反基督者》中是作为弱者之中最为虚弱之人介绍给大家的,这里几乎没有一个值得一提的角色。在他之前,在他之上,"神父"傲然挺立。基督教虚无主义的人格化采取了这样的表现形式:反生命的虚弱以杂种和冒牌自居。再次顺便说说,反基督者坚持着他的真理诉求,让人看清那个拿撒勒人;他是在暗示耶稣受难的场面,彼拉多提出有关真理的问题,狐疑地与他对阵:

> 只要教士还算是高一级的人,这个否定者、诽谤者、以毒害生活为职业者,就无法回答这个问题:什么是真理?真理已经本末倒置了,如果虚无和否定的辩护士被视为真理的代表……[1]

虚无的辩护士:这是教士,在他背后似乎有拿撒勒人的影子。在审讯中,他对彼拉多说:我来到"这个世界,就是为了见证真理"。彼拉多接着问他:"什么是真理?"没等回答,过了一会儿便指着他说:[2] "Ecce homo!"(瞧,这个人!)在这里,在《反基督者》的开卷处,尼采对此还没有任何评论;耶稣这

---

[1] AC 8, KSA 6, 175.
[2] Joh 18, 37 f., Joh 19, 5.

个人没有引发任何兴趣。在下一部书中,唯一一等待他的乃是对其软弱的一再蔑视,将出自其软弱的同情原则作为最恶劣的罪恶加以摒弃,以及对其罪有应得的毁灭的断定,并且在背后猛推一把以加速其毁灭。

下面章节的论战则转向对路德和新教教士之家的抨击,对康德道德哲学的抨击,将其视为新教的世俗化变种(第10—12节);含蓄地与《偶像的黄昏》的判决相联结,甚至"攻击我们现在的科学性的所有前提"(第13—14节);每次都是"我们这些自由的鬼神"向逐步衰落的基督教宣战。紧接着对由基督教和神学所决定的术语(第15节)的整体批评乃是对基督教上帝概念的批评(第16—17节),也是对"一神论的批评"。即使是"北欧强大的民族"也无法抵制这种一神论,并且在将来应当予以克服(第19节)。这样一来就与多神类型形成了鲜明的对照,后者意味着得了神通,神化而幸福,对生活也是永久的肯定(第18节)。于是,思维的大门随之关闭。思想已经开始通过第1节中所说的"许佩博雷人"自觉地克服基督教,并以宣告即将降临的后基督教"幸福"而告终。耶稣在这一争论中暂时没有现身。

如此宽泛理解的基督教在《圣经》里是找不到替代品的,在比较宗教学中却能找到;这要归功于批评基督教的印度学者:拿基督教与颇为另类的世界"颓废宗教"之一的佛教(第

第三章 最恶之人

20—23节)相比就能找到这种替代品。反基督者对佛教充满敬意,认为它是这样的宗教:不讲原罪,没有"道德观念的自我欺骗",没有"良心审判",没有愤懑,没有禁欲,没有道德强制,"用我的话说,这是一种超越善恶的宗教",一种没有上帝的宗教。[1] 既然如此,又为何还要用虚无主义和颓废这样的词语来给它定性呢?这是因为,即便它无意进行反对罪恶的斗争,它还是要进行"反对苦难的斗争";这是因为,它在从"同情"向着"自私自利"[2]的"禁食"的变种转变时,也总是以过量的刺激和疼痛能力为前提[3]——这也是颓废的一种形式,这种形式的颓废在反基督者看来也是不足取的,反基督者在走向"超人"的路途中已经克服了颓废。[4]"佛教是一种成熟人的宗教,是善良的、温和的、变得极为精神化的种族的宗教,这些种族对疼痛非常敏感。"[5]

就以上述说明来结束已经系统展开的反基督者的提告吧。

---

[1] AC 20-23, KSA 6, 186-191.
[2] 同上书, 186 f.。
[3] 同上书, 189。
[4] AC 4, 8, KSA 6, 171, 174.
[5] AC 22, KSA 6, 189. 并参阅札记 KSA 13, 11[367], 163"论基督教和佛教是最后的宗教:超越文化、哲学、艺术和国家"在与佛教争论的过程中无可名状地响彻叔本华和瓦格纳的那佛教的亲和音调,这首先表现于《偶像的黄昏》之中。对此,Mistry 有更为深入的论述,见 Mistry 1981。

我们现在处在第23节末尾（在目标和布局结构上可与之相比的《瓦格纳事件》这一战斗性著作还有12节要加以补充，继而还有两个"附言"与《收场白》），至于对宣判还要补充些什么，请看第24节的开头。他简短地说："我在这里要说的只是基督教的起源"，反基督者解释道，似乎这件事对于着眼于当前与直接的将来的最后的斗争无关紧要，好像这件事暂时业已了断。[1]解决这一问题，他只需要"两句话"：

> 解决这一问题的第一个准则是：基督教只能从其发源地来理解，从其生长的土壤来理解〔……〕；第二个准则是：加利利人的心理类型尚可依稀辨认，也只有当其完全退化（这同时也是有着异域特征的曲解和文饰）之时，方可被利用而成为人类救赎者的类型。[2]

基督教是从犹太教引导生发出来的，是"犹太教的必然结果"[3]：这第一个任务实际上很快便在这一节以及在接下来的两节完成了。说白了，就是在其中（首先详加摘录尤里乌

---

[1] AC 24, KSA 6, 191, 我的强调。开始尼采在这里所用的标题为《基督教的根源》，后来划掉了。参阅评论 KSA 14, 440。
[2] AC 24, KSA 6, 191.
[3] 同上。

第三章　最恶之人

斯·威尔豪森《旧约》研究中对《圣经》的批评）[1]拼读出了尼采在《论道德的谱系》中系统阐发的东西。[2]基督教是从犹太教引导出来的，它极大地提升了一切自然价值去自然化的状况。所谓去自然化乃是由虚弱和教士的愤懑造成的，引发出颠覆"现实"的种种后果，颠覆由一种"值得怜悯的谎言"[3]的哲学概念系统进行。这恰好是谱系学的补充，是对反基督者信息的证实，这一切很快便完成了。

第二个准则的情况则有所不同，它问的乃是"对犹太教的反抗"的情形和它的"原创者耶稣"的情况（第27节），由此开始的章节篇幅之大颇令人吃惊。反基督者发表声明，要与耶稣基督教展开"殊死之战"，如果说这只是表现出他的即兴思考，对教士和真理使徒的冷嘲热讽也只是稍微触及他，那么他书的下一部分却是核心部分。要是用三个章节来叙写生发基督教的犹太教土壤的话，那么耶稣的形象要用16个章节来描述了。因为要写他和犹太人与基督教的关系，至少需要16个中心章节（第27—42节）。只是在第40节才慢慢展开对保罗、对跟随他的教会和《圣经》新约的诘难。即使在

---

[1] 关于尼采对威尔豪森的接受，参阅Sommer关于威尔豪森的文章，Nr. 388 f.。
[2] 在AC 24中明确提出要参阅这部书（KSA 6, 192）。
[3] AC 25, 26, KSA 6, 193, 195. 参阅关于《旧约》JGB 52, KSA 5, 72。

这里，也仍然一如既往地（拼命挣扎地）重新回到耶稣以及他的新约，直到收场白，到对"十字架"的最后的诅咒，到第62节和最后一节的庄严宣判："最后我在这里宣布判决。我判决基督教〔……〕"[1]

尼采在以《反基督者》第27节诘问加利利时，实际上他和基督教的争论已经进行了多年。无论如何，反对基督教的斗争对于尼采来说，可说是至关重要。有关耶稣形象的论争的札记在1880年代初期的遗稿中有大量发现。在这些札记中，总有种使人懊恼的感觉，这是耶稣形象对作者施加影响的结果。对于耶稣，尼采一会儿表现出蔑视，一会儿又同情。也常常为体现尼采在犹太人身上发现的所有可鄙性开辟了道路，如同在基督教身上一般。他自1887年开始从勒南的《耶稣传》中摘录了很多东西。该书是在1863年初次出版的自由市民化的基督教畅销书，对其传主的多愁善感加以心理学化。[2]

在《论道德的谱系》第1节，耶稣是以怨愤的体现者，以伪装成爱之福音的复仇欲念的体现者而出现的。这种复仇欲念决定了犹太教的信仰：

---

[1] AC 62, KSA 193, 252 f.
[2] 尼采从法文版本的《耶稣传》中摘录出来的（参阅 KSA 14, 404, 421 和 441f.）。德文译文发表于何时没有记载，可能是1870年在莱比锡发表的。

第三章 最恶之人

> 这个拿撒勒的耶稣,肉身化的爱之福音,是为穷人、病人、罪人带来极乐和胜利的"救世主",而他不正是这种具有阴险可怕、无法抗拒的形式的诱惑吗?这条诱惑和曲折之路不正是通向犹太人的价值观和复兴的理想吗?以色列不正是通过这位"救世主",这位以色列虚假的反对者和消解者所指引的曲折道路才达到他们精心设计的复仇欲望的最终目标吗?[1]

耶稣发出的任何气息都无法与弱者的怨愤相比。弱者(比如尼采的耶稣形象的攻击性变体)在其宗教的复仇幻想中苟延残喘,或者说(较为温和的变体)由于其虚弱而不经战斗便陷入绝望状态而走向灭亡。于是尼采虚构的"另一个自我"(alter ego)便以这些强者的趾高气扬的化身闪亮登场:正是查拉图斯特拉作为反基督者在以其名字命名的著作中成了反《圣经》。设若这两个反对者直接面对面,查拉图斯特拉也只能颇有优越感地摇着头,向着虚弱的颓废看去(对于这一点,回头再谈)。[2] 写于1884年的一段文字表明,多年的论战重又开始:

---

[1] GM 善恶的彼岸 8, KSA 5, 268 f.。
[2] Za 论自由之死, KSA 4, 95。

耶稣要人相信他,将所有反对他的人打入地狱。他所偏爱的人是穷人、笨人、病人,还有女人、娼妓、无赖和孩子。在他们中间他觉得适意。这种感觉针对的是美、富、强;仇恨的矛头所指是欢笑的人。所说的善与其心中所想形成了最大的反差:善人是所有人中最恶之人。[1]

1884年就如此,以后的几年亦复如是。嘲讽一直占主导地位,就像是对出于虚弱而缺乏爱的仇恨说教者所进行的刻薄描述。另一方面,总是不断出现小小的郁闷和不快。这些都是针对耶稣爱心宗教中的爱来说的。一方面,清晰表现出来的无非是"狂乱的性欲",另一方面,尼采在其《查拉图斯特拉》中记下了这样的句子:"一个名为耶稣的希伯来人是迄今为止最杰出的爱人者。"[2]然而,尼采要人相信,他早已彻底研究过耶稣。1888年夏天,在撰写《偶像的黄昏》的同时,尼采也在着手创作《反基督者》。[3]起初对这位拿撒勒人也只是点到为止,就像我们看到的那样。后来耶稣现出了贬义的形象,众

---

[1] 1884年春,25,[156],KSA 11,54。札记正好颠覆了勒南特别看重的欣慰方式。
[2] 札记,1887/1888(KSA 12,10,1882/1883)(KSA 10,4,159)。
[3] 正如所遗留的手稿和札记所表明的那样,GD 和 AC 都是从相同材料中浓缩而来。

第三章 最恶之人

所周知,这事出有因,过量的同情会导向何方,"拿撒勒人之死事件"同样表明了这一点。[1]

在与"加利利类型"争论的过程中以极大幅度和极大速度发生的事,乃是反基督者所构筑的牢固的耶稣形象被彻底毁坏。对颓废进行的心理学的解构也已宣告,它确实具有好斗的架势。这种解构一半变为语文学的重构,一半变为救赎者的预见性的修复。"这样一种类型是完全可以想象的。"[2]1880年底,尼采直接记下了他阅读布莱兹·帕斯卡尔(Blaise Pascal)《思想录》的读后感:

> 帕斯卡尔和耶稣的谈话要胜过《新约》中的任何篇章!这是一种能够说出口的最最令人伤感的优美。自此对耶稣不再有什么编排,所以,在波尔罗亚尔教派*之后,基督教到处都陷入堕落。[3]

总会有人在耶稣问题上"继续编排",这意味着,至多是采取半嘲讽的笔法。而今8年过去了,反基督者自身在耶稣问题上

---

[1] AC 7, KSA 6, 173.
[2] AC 29, KSA 6, 199 f.
[3] KSA 9, 7, 324.
* 波尔罗亚尔教派,即法国17世纪詹森主义教派。——译者

也严肃起来。不是大而化之地一挥而就,而是逐字逐句推敲。由此产生的结果与尼采之前有关耶稣的想法和所撰写的东西几乎完全相反。在有关耶稣章节的起始处有这样一个问题,"对犹太教会的反抗"是怎么回事,"耶稣是不是被理解为犹太教会的创建者抑或误解为创建者"。十字架上铭刻着"犹太国王"的字迹,从一开始就表明他是一个闹事的头头。

> 这位神圣的安那其分子号召下层人、畸零人、"罪人"和犹太教内部的贱人对现行的统治体制进行抵制——他使用的是这样一种语言,福音书中说要是可信的话,即使在今天,使用这种语言也会被发配到西伯利亚去。如果说在一个荒诞的非政治的共同体中还会有政治犯,那是因为使用这样的语言就会使他变成政治犯。也正是这一点把他送上了十字架。十字架上铭刻的文字便是明证。他死于自己的罪责,不管怎么说都没有任何根据说他为别人而死。[1]

在尼采遗稿中,对于十字架上所刻文字的解释非常清晰明

---

[1] AC 27,KSA 6, 198. 说到"语言",今天"引领至西伯利亚",这可能暗示陀思妥耶夫斯基的《死屋手记》;"安那其主义者"的概念可能来自勒南。勒南 1863, 127。

第三章 最恶之人

确:"十字架上所铭刻的名字乃是犹太国王,这便是证明。"[1]这样的十字架铭文是否具有赎罪神学的高度,并且具有实实在在的政治意义,这是否仅仅是一些误解的观察者的一面之词,对此也是众说纷纭;因此之故,是不是以这最早的福音文献来假造一个耶稣[2],也无法完全确定。正是由于这种不确定性,人们会提出这样的问题:反基督者如何称谓那种"心理类型"的救世主?[3]如果被钉十字架者既不是为了人类的原罪而成为赎罪的牺牲者,也不是弥赛亚僭主,那他是什么?

撇开这一奇怪的说法不论,首先遭到挑战的是这样一个问题:研究讨论的"救世主心理"到底是怎么回事?"类型"一词就是以这种奇谈怪论运用于个案,字面上看来也是语义不通,到头来还是被证实为独一无二的个体。宗教概念与科学概念之间的联系不管怎样去理解,毫无疑问总会遭到反对,而这种反对对于接踵而至的事有着根本性的意义。一方面是基督教会的整个传统,包括国王演说和待宰的羔羊、原罪和救赎、打入地狱的惩罚和升入天堂的奖赏。另一方面,书面上流传下来的"类型"几乎无法辨认,其形象和口头言谈有可能与一切正

---

[1] KSA 13, 11, 107.
[2] AC 28, KSA 6, 198 f.
[3] AC 29, KSA 6, 199. 这一负面口吻的表达方式在 AC 24, KSA 6, 191 就已引入。

好相反,在下面有关"耶稣类型"的演说中重又顺带地加以个性化和历史化。[1]

反基督者试图将其纳入书的开头就已展开的配位系统(从最初的句子开始便明显地较之宣告缓慢了,不是那么径直,也有些犹豫了)。在这个系统中,被钉死在十字架上已是表明生命力灾难性的削弱("生命感觉的能量"),之所以如此,可解释为虚弱和怜悯导致的后果。[2]

辩论中,他的第一个对手所讲述的并非教会的教规,而是开明的《圣经》批评。它期待着弥赛亚和耶稣救世主至少能拯救道德英雄。正如在"上帝之死"的叙事中,"狂人"不再对信徒发动攻击,而是将矛头指向急忙停下来的无神论者(正因如此,他在他们面前出丑,在他们眼中就像是一个疯子在表演)。反基督者在这里的矛头所指是这样一些人:他们是与一个安逸舒适的、去教会化的耶稣彼此相安无事的人;他们既不理解令人恼火的、进行篡改歪曲的道德化的影响范围,也不理解被排挤出来的原初人物的极端另类。所以,尼采反对当时勃兴的"耶稣生平研究热",特别反对欧内斯特·勒南的研究。早在

---

[1] AC 29, KSA 6, 199. "尼采的赎罪类型将其极端的个性还给了耶稣。"(Sommer 2004, 79)
[2] AC 7, KSA 6, 172 f.

第三章 最恶之人

1864年阅读丹尼尔·申克尔的《耶稣的性格形象》时,他就遭遇了勒南。[1]不过,勒南的《耶稣传》,尼采在1886/1887年冬天才得以完整地批阅。[2]大卫·弗里德里希·施特劳斯,这个在尼采的《不合时宜的沉思》中被蔑视为"自由的纸老虎"的人一直站在他后面(《大卫·施特劳斯信徒和作家》,1873年),一开始就说到勒南[3];而尼采早在1864年在波恩的时候就已经读过勒南的《耶稣传》。"很久以前我阅读并享受了施特劳斯那部无与伦比的著作。"反基督者不无讥讽地写道,"我那时20岁,而今我对阅读这样的作品太过较真。流传下来的矛盾与我有何关系?"[4]这位有教养的宗教蔑视者也把勒南这位自由的天主教宗教历史学家视为精神接近新教—浪漫主义的先驱思想家。他在写于1885年的论战性札记中就称他为"天主教式的施莱尔马赫(Schleiermacher)","像糖果一样甜蜜"。[5]

---

[1] Pernet 1989, 95.
[2] 从中直接产生这样的问题,这问题又导致纲领性的、反历史的对拿撒勒的耶稣和救赎类型的接近:"最终我的狐疑成了问题,历史是否真的有这种可能性?人们到底要断定什么?眼下发生的什么难道不能肯定?"(Nr. 804, KSB 8, 28)
[3] 勒南 1863, VII f.;他曾向其读者推荐施特劳斯1856年第二个版本的法文译本。勒南担心施特劳斯笔下的耶稣,按照他的观点过分强调理论方面,而较少关注其历史方面。
[4] AC 28, KSA 6, 199.
[5] KSA 11, 599 f.

尼采的作品不同于"耶稣生平"研究，用维尔纳·施特克迈耶尔（Werner Stegmaier）的话来说，"耶稣不再为了信仰而拯救传统的教义，而是为了他的思想来拯救信仰"。[1]值得注意的是，反基督者满怀信心地面对一个他自己提出的任务，即进行双重清算：一是对教会的教条进行清算，二是对当下的耶稣形象进行清算。

> 加利利人的心理学类型还是可以辨认的，不过只有当其完全蜕化变质之后，它才能服务于需要它的东西，成为人类的救世主。[2]

在第24节双重转向"基督教起源问题"的预告中就是这样说的。假如不再以历史批判的《圣经》注释来解决问题——这些注释摒弃传统的话语，这样寻找到的东西与所寻找的人就会以心理学和病理学谱系的手段复制自己。反基督者要通过传统、通过文字、通过声音来使得形象变得可视可听：

> 救世主的心理学类型还是我所关注的。救世主甚至

---

[1] Stegmaier 1992, 173.
[2] AC 24, KSA 6, 191.

第三章 最恶之人

> 可能包含在《福音书》里。尽管《福音书》里〔……〕对其言行并没有说出真实情况;对于他到底是怎么死的,也没有吐露真情。而只是提出这样的问题:他这种类型是否可以想象?是否会流传下来?[1]

"传统"或者说"传统的",有两种意思,两种视角:一是指向过去,这过去只是留存下来的历史的事儿;二是指向当下和将来,这里需要知道的是,过去的事儿在当下是否鲜活,或者说是否能够重新使其鲜活。所谓传统,应该说有两方面的意思。即便反基督者对一个适合于他的类型发挥功能的可能性与发挥作用的条件一直追问到当下,而不是只追问一个历史上的耶稣(以比语文学家更勇敢的方式来重构),那他也得设法从耶稣自身那里知悉较之拘泥原文的自由圣经学更多的东西。尽管福音书残缺不全,但从中还是可以探索出"救世主心理学类型"的。(他到底如何料理,暂时还是个秘密。)从中总会产生这样的问题,"他这种类型是否可以想象":就像是期待在作者写作的当下有可能实现这种类型似的。

反基督者就是这样叙说另一种"耶稣生平"的。

---

[1] AC 29, KSA 6, 199. 接受了由此所创造的、在 Overbeck 所遗留下的耶稣研究中耶稣形象的基本特征。

第四章　救世主的类型

反基督者是根据托尔斯泰在《我的信仰》[1]一书中描绘的耶稣形象，及其在反对勒南将耶稣市民化、无神论化和历史化的说法中，开始对遥远而陌生的耶稣进行观察的（他将此斥责为"非福音化"）。尽管他对《福音书》很有怀疑，他还是确切地感到，他能立即绘制出一个厚重、灵活的耶稣形象来：

> 勒南先生，这个心理学方面的小丑，为了解释耶稣的类型，引进了两个最不恰当的概念：一为"天才"，一为"英雄"。如果说有什么地方不符合福音精神的话，那么无疑是"英雄"概念。这里，正是一切拼搏、一切斗

---

[1] 托尔斯泰在当年的研讨中常常以耶稣鉴定的接班人自许，认为自己是特别合法的耶稣诠释者。尼采阅读了于1887年出版的 *Mareligion* 的法文译文；在他的札记里，特别是1887年末至1888年初的札记里，有一连串摘录（KSA 13）。这些摘录的大部分都是有关耶稣的相互矛盾的形象：一个是充满爱心的、谦恭的、不会反抗的、从愤怒和仇恨中解脱的历史上的耶稣，另一个则是教会耶稣，这也正是尼采的出发点。关于托尔斯泰，见 AC Havemann 2002, 170-177。

第四章 救世主的类型

争的感觉的对立面,变成了本能:无力进行反抗成了道德的"勿抗恶"[1],这可以说是福音书中最深刻的话语;从某种意义上说,这也是理解福音书的钥匙,温良恭俭让中的至福、和平中的至福。[2]什么叫"福音"?它是真实生命、永恒生命的发现;它不是承诺,它就在当下,就在你们当中:它是爱心之中的生命,它是没有折扣、没有封闭、没有距离的爱心之中的生命。每个人都是上帝的孩子,耶稣压根儿没有只为自己提出这样的诉求。作为上帝的孩子,人人平等[3],〔……〕以心理学者的严格来说,有一个与"英雄"和"天才"完全不同的词语用在这里似乎更合适,那就是"白痴"。[4]

所有这一切,在心理学家和生理学家眼里,都是"极端忍受苦

---

[1] 摘录耶稣在山上对门徒的教训:"我告诉你们,你们要勿抗恶,而是:有人打你们的右脸,那就把左脸也给他。"爱敌人的戒律即与此有关,Mt 5, 44。
[2] 托尔斯泰1885, 12;提示KSA 14, 441。
[3] 这样的措辞在反对教会的论战中重又捡起:迷惘的门徒不能忍受的正是"耶稣教人人平等,同是上帝的孩子,耶稣曾教诲过的孩子"(AC 40, KSA 6, 214)。
[4] AC 29, KSA 6, 199 f. Elisabeth Förster-Nietzsche在文本的第一版本中默默地将这一结论划掉了;直到1931年,Hofmiller才在《南德月刊》将首版中被划去的段落重新发表。

难能力的结果"。这种受苦能力不愿再一次被触及,因为任何一次触及都令人感受良深,"任何抗拒抑或必需的抗拒都令人产生无法忍受的厌恶"——这是从"生理现实"中产生的后果,亦即一种"在完全病态基础上[1]的享乐主义的美妙提升"。就像佛祖,就像怀疑主义哲学家皮浪,或是伊壁鸠鲁[2],耶稣也因此显得是个"傻瓜"。

> 伊壁鸠鲁是一个典型的颓废派:首先我是这么看的。对疼痛,甚至是极为轻微的疼痛的惧怕——只有在爱的宗教中才能终结……[3]

毫无疑问,这个耶稣,这个"白痴",与基督教的病理状况完全相符。反基督者在引言中就已经对这种状况进行了设计,虽然他描绘的形象也仅限于这些特点。然而耶稣的很多特点无法被纳入这个框架,尽管反基督者为了将其整合而费尽心力,这种情况(正是在第27—30节)常见于同一句话、同样的口气中。基督教所推举的、造作出来的欢乐情绪,还有那

---

[1] AC 30, KSA 6, 200 f.
[2] "Pyrrho,一个希腊的僧人",他的"颓废的印痕"曾出现在尼采的札记里,那是1888年春所写的札记(KSA 13, 14)。
[3] AC 30, KSA 6, 201.

第四章 救世主的类型

虚构的惩罚,亦即所谓"懊悔"、"良心谴责"以及"妖魔的诱惑"[1],都属于"自我的误解"。在这里,对于耶稣来说,留下来的无非是无法损害的"和平中的至福"。[2] 对于基督教来说,"自然"是个坏词。[3] 而耶稣却以"没有折扣、没有封闭"的爱心[4]拥抱世界和人类,除此之外,他了无牵挂,也"勿抗恶"。诸如"上帝"或"天国"这些词,反基督者在第15节里就将其作为基督教词汇大加贬斥,说这些词语"歪曲了现实,贬低了现实,否定了现实","其根源就在于对自然的仇视"。[5] 他明确反对教会的偏执;正如他所了解的那样[6],独有的"生命经验"都与教会的偏执相抵牾。在对基督教的告发中,反基督者指出,所谓"永生"的说法,不过是一种虚构的神学;在

---

[1] AC 15, KSA 6, 181.
[2] AC 29, KSA 6, 200.
[3] AC 15, KSA 6, 181.
[4] AC 29, KSA 6, 200.
[5] AC 15, KSA 6, 181.
[6] AC 34 和 32, KSA 6, 206 和 204。在对"勿抗恶"的强调中,也显示出尼采对老子进行探讨的踪迹;同时也流露出他对佛教的兴趣。并且,他拉近了耶稣与佛陀和老子之间的距离。后者这些年来在法德两国甚为流行。1870年同时出版了两个版本的《道德经》,一是 Reihold von Plänckners 的意译改写本,一是 Victor von Straus 在自由神学鼓舞下的《道德经》译本。在尼采写下《反基督者》的那年,接着就是 Friedrich Wilhelm Noas 独特的《老子道德经》改写。尼采于 1875 年 2 月 17 日拿到了 Plänckners 的译本,但该译本在其遗存中却不见踪影(Campioni 2003, 338)。

虚构神学的帮助下，当前的现实向着将来贬值。[1]在耶稣那里，在强调与通常语言运用相反的情况下，"它是真实生命、永恒生命的发现；它不是承诺，它就在当下，就在你们当中"。[2]如果不仅比较基督教的和耶稣门徒的用语习惯，而且比较基督教的生命概念与反基督教的生命概念，这句话会有什么样的意思呢？

鉴于第24节所透露出来的情况，在这些段落字里行间中都可体察到，"基督徒"的心理类型也应像先前的犹太教徒心理类型那样对之加以简要总结，但可惜这里出现了断裂和漏洞。矛盾时时闪现，甚至可以说是出现了两种不同的声音。在第30节的末尾，又重复了这样的论点："爱的宗教"只能出现于颓废的"生理学的现实"，至于理由呢，论证链条却没有延续下去，好像"救世主"形象使其自身变得矛盾重重，根本就不需要进一步说明。[3]

这么一来，对第31节的开头部分要进行重新阐释。"对于这个问题，我先前已经给出回答了"，反基督者的第一句话这

---

[1] AC 15, KSA 6, 181.
[2] AC 29, KSA 6, 200.
[3] Biser 特别强调，"对基督教的批评会累及它的捐助者"，这一点又和"耶稣那令人意想不到的温情脉脉的形象"形成了鲜明的对照，这一形象乃是尼采自己所勾画出来的；在其被钉在十字架上时，这种张力达到了顶点。假如他将这种矛盾称为"有距离的接近"，似乎也没有解决这一矛盾。

第四章 救世主的类型

样解释道,为的是重提这个问题。面对"人中最恶之人",所留存的只有憎恨和厌恶。这且不说,而今要谈论的是"美妙、病态与童趣的混搭所引发的动人魅力",甚至可以说是"童稚的天真"。基督徒不仅要摆脱犹太教和基督教阐释的诱惑,还要摆脱反基督者曾以巨大的热情开发出来的模式,而今反基督者也要将自己纳入这一模式中:

> 不可完全排除这样一种可能性,作为颓废者的拯救者类型实际上曾是独特的混合体和矛盾体。〔……〕其中也包含着矛盾:一方面是在山间、湖泊和草地上的布道者,其形象如同生活在非印度土地上的佛陀;另一方面则是张牙舞爪的狂热分子,神学家和教士的死敌,并被勒南恶意美化为"伟大的反讽大师"。[1]

将耶稣理解为"狂热的进攻者",这绝不只是勒南的想法。"类型"说遭到了神学家和教士的反对,而反对也正是以一种不事进攻的方式进行的。同是在这些章节中,反基督者自己指出了"类型"。

这是在寻求加利利形象中相互矛盾的特点,对其加以整

---

[1] AC 31, KSA 6, 202.

合；正是这些特点使人能够探知反基督者语言运用的特色。针对"那些完全非福音书的概念",耶稣这一语言应用也得重新加以理解。"第一批教徒"将那些概念连同神圣信条一起登记,宣布耶稣的到来。第 32—34 节讲的就是这些。其结果是显现出一个教师的形象。与先前的论点和总的宣示恰恰相反,他不再将犹太教抬高至陶醉于自我毁灭的无度状态,而是认为它提供了一种生活的新形式。由于对尘世和尘世生活持否定态度,才有了而今对价值重估的创造性肯定。耶稣将他预先创立的神学语言符号以及祈祷的程式与他本人及其尘世经历建立起关系,从而使它们变成了这种生活的譬喻:

> 他与上帝的沟通不需要任何程式,不需要任何仪式,甚至也用不着祷告。他与犹太教整个的忏悔及和解教义已然了断;他知道,只有生活的实践才会使自己有"神圣"、"幸福"、"按照福音信条行事"并且无论何时都是"上帝的孩子"的感觉。[1]

耶稣的语言实践是反基督者在第 32—34 节中进行重塑的先决条件,这与"任何程式"有着本质区别;因此也不同于由程

---

[1] AC 33, 205.

第四章 救世主的类型

式所论证并提升为法典的、自动起作用的建制、教义或道德。"福音",在第32节开头我们就能读到反对勒南的这一段:

> 不再有什么对立;天国属于儿童;这里盛行的信仰并非经过斗争而争取来的信仰——它就在那里,太初有信仰,它就像是一个退居精神王国的童年。[1]

医学检查的结果很快出现了:"这是青春发育迟缓和机体上尚未发育完全的结果,伴随的表征是机体的退化;这样的状况至少对生理学家来说是屡见不鲜的。"人们觉察到,这些句子有着一般性的模糊表述:生理上的诊断与耶稣永远脱不了干系,不过,这只是对某种原本完全不同的状况的调和。"不再有什么对立","天国属于儿童",这样的观点,反基督者定要读作耶稣思想的重现。接下来的对信仰("这里盛行的信仰")的说明应视为反基督者自己的评论。然而,这两者之间只有一个分号,一个顺势的过渡。在时代的转折中,反基督者以"它就在那里,太初有信仰"这一说法谈及耶稣的信仰。在转折中,反基督者让信仰自己言说天国的当下。

游移不定是可以理解的。这是因为由于"退化"而造成的

---

[1] AC 32, KSA 6, 203.

虚弱与既幼稚又切实的愚蠢很难相容;作为颓废反面的愚蠢,被看作一种充满活力的强壮的同义语而模式化了;这种强壮拒绝所有的公式和固定化:

> 这样一种信仰不发怒、不责骂、不自卫:它不是佩剑[1]而来的,它无法预想有朝一日它会四分五裂到什么地步。〔……〕这种信仰也不文饰自身——它活着,它抗拒程式。〔……〕它的"知识"同样也是一种纯粹的顽愚。[2]

在理解这些句子的情况下再读一遍对于作为"白痴"的耶稣的说明,就会读出另外的意味。不再仅仅单纯考虑一次小小的医疗事故的心理病理学,而且也要考虑陀思妥耶夫斯基对"白痴型"的道德价值重估;还要思考在瓦格纳那里,帕西法尔的价值重估:"纯粹的白痴"同样也会因其白痴而成为救世主。[3]首先尼采认为,耶稣的知识是一种"完全无心的无知";对"纯粹的白痴"进行矫正并提升其类型,而后与瓦格纳的艺术

---

[1] MIT 10, 34, 从句法上来看,这个句子也涉及 Kor 13, 4-6。
[2] AC 32, KSA 6, 203 f.
[3] 尼采对瓦格纳的戏剧节大加挞伐,又特别攻击说(在《瓦格纳事件》第9节),帕西法尔有了"神学的候选人","文理中学教育"对于培养纯粹的白痴是不可或缺的(KSA 6, 34)。

第四章 救世主的类型

宗教的救世主形象建立起联系。[1]

在尼采对这些章节所做的札记和所写的文稿中，可以读到完全不同的内容。那里有这样的句子：耶稣是"天才的反面：他是一个白痴"，并且总结出了一套完整的生理疾病史。[2]在尼采迄今为止的语言运用习惯中依然强调其精神欠发展[3]，这与尼采在《不合时宜的沉思》中对大卫·弗里德里希·施特劳斯所描绘的耶稣形象极尽挖苦之能事没有什么两样："我们的市侩头人勇敢得很，语言上简直几近疯狂，将耶稣描写成一个疯疯癫癫的人，这样的人在我们的时代难逃疯人院。"[4]

"神圣的白痴"这一词语组合在尼采的著作中也只有在这里才出现。直到最后，尼采才显示出对于他的矛盾心理。这个

---

[1] 参阅评论 KSA 14, 442："通过这一修正，尼采是想影射'纯粹的白痴'帕西法尔。"在 1888 年 10 月写下的札记里，又将帕西法尔称为无辜和心理脆弱的混搭："帕西法尔本身是典型的白痴。"（KSA 13, 23, 599）
[2] 这一句和接下来的引言来自手稿 KSA 13, 237。
[3] 在尼采的语言运用中，绝大多数情况下将"白痴"这一概念与"才智"相对照使用。FW（KSA 3, 624）是如此，AC 亦是如此。讲到保罗的门徒时曾这样说："他在白痴中间布道，也只有白痴才相信。"（AC 42, KSA 6, 216）他也可以将其说成是"童稚的天真"。在 1888 年初的一则札记里，曾有这样的话："什么才能讨那些虔诚的妇女，讨老老少少的欢喜呢？回答是：来一个两腿修长的圣者，还年轻，还天真……"（KSA 13, 14, 295）这里讽刺的是虚伪的目光，而不是所注目的人。
[4] KSA 1, 193. 在《不合时宜的沉思》里，他曾记下这样的看法："耶稣是一个要进疯人院的男人。"（KSA 7, 27, 589）

词组构成了形象的核心。在《反基督者》中,这一形象会显现在读者眼前。相比较来看,这里对词语的运用与初稿中有多么大的不同啊!"模糊不清的概念"之所以出现,乃是因为耶稣没有理解现实的能力;模糊变得清澈,而成为"伟大的象征主义者"的比喻言谈与"完全沉浸在象征中的存在"。[1] 耶稣没有男子汉的战斗精神(缺少"男子汉的本能"),这倒使他过上了一种平安的极乐生活。甚至性障碍也被反基督者一劳永逸地划掉。强调性障碍显然是对其形象冷嘲热讽的出卖(他的发育严重滞后,青春期里还像个孩子,属于癫痫官能症那种类型)。这么一来,耶稣的其他特征就更加鲜明地显现出来了。在尼采早期的札记和手稿中常有间接的、探索式的、尝试性的论及:毫无保留的爱心,充满柔情,优待罪人,与"道德"保持距离。

这么一来,面对词语所具有的挑战性的病理学意义,"白痴"一词的希腊文词源(idiotes)重又浮出水面:这是"逃避社会"之谓,在这个意义上,也是未受教育或者说淳朴无邪之意。保罗首先在《哥林多书》[2] 中对那些尚不属于教区的改宗者使用了这个词。哈曼在其《美学概论》(*Aesthetika in nuce*)

---

[1] AC 31, KSA 6, 202.
[2] 1 Kor 14, 23f. 我这里采纳 Walter Bauer 的说法。

第四章　救世主的类型

中也称苏格拉底为"希腊之英明的白痴"。[1]尼采本人在其《瓦格纳事件》中一个不显眼处也使用了这个词。在这本书里,尼采认为,这位精疲力竭者有三大兴奋剂:一为血腥,一为造作,一为清白无辜(白痴),这三大兴奋剂全都属于瓦格纳的颓废艺术。[2]

当这个"白痴"的耶稣从犹太神权的政治和宗教规则中完全摆脱出来时,便与理想主义的"天才"产生了尖锐的对立。勒南正是想利用这种对立。

> 陀思妥耶夫斯基〔……〕将基督琢磨透了:从本能上说,他首先就被免于以勒南那种庸俗的态度去想象这一类型……会不会搞错呢,将本是白痴的基督改造成一

---

[1] 《美学概论》的开头意在影射柏拉图关于苏格拉底的《申辩》:"希腊之英明的白痴,将令其自豪的公马借给游叙弗伦,以便进行交谈。"(Hamann 1998, 81;全集第二卷,维也纳,1950,197) Salaquarda 也是在放弃国务活动的私人意义上来理解"白痴"一词(Salaquarda 1996a, 293)。围绕着《反基督者》中尼采用语的激烈讨论,至今也没有止息。参看 Dibelius 1944, 61 ff.;Kühneweg 1986, 384 f.;Kaufmann 1982, 396。Willers 对《反基督者》的描述完全是从病理学的角度来理解的(Willers 1988, 242)。

[2] WA 5, KSA 6, 23. 参看于 1887/1888 年冬天记下的这句话的前半段,它更加深入地与现代派相关联:"瓦格纳的艺术是在当代的三大需求之间的妥协。这三大需求是:需求病态,需求血腥,需求天真痴傻……"(KSA 13, 11, 133)

个天才？[1]

尼采在这里也许是想到了陀思妥耶夫斯基小说《白痴》里的梅什金公爵，自此，读了那一段的读者才对"白痴"有了印象。也许他根本就不再阅读这部小说了，而是想起了陀思妥耶夫斯基的《群魔》。在尼采的晚期著作中，特别是在有关耶稣类型的札记里，他曾常常提起这位伟大的俄罗斯作家，这些提示都明明白白地指向这部小说的法语译本，尼采曾极有兴味地做了摘要。尼采是在读了勒南的有关文章后才机缘巧合地发现了这位俄罗斯诗人。[2]（《白痴》中则从来没有提到过，关于大审判官的小说《卡拉马佐夫兄弟》也没有提到过。这部小说同样使《反基督者》的读者印象深刻。)[3]

---

[1] 在遗存的1888年春的札记里就有这样的标题："耶稣：陀思妥耶夫斯基"（KSA 13, 15, 409）。
[2] 在他给Overbeck的同一封信里，也提到陀思妥耶夫斯基，此外还提到勒南的《基督教起源史》，并说："就在几个礼拜之前，我连陀思妥耶夫斯基的名字都不知道，我也真是个不看报的无知识的人，惺惺相惜的直觉（这可怎么说呢？）使我喜不自胜。"（致Overbeck，1887年2月23日；Nr. 804, KSB 8, 27）
[3] Montinari的评论KSA 14, 405："痴傻或白痴一词为尼采使用，该词本源于陀思妥耶夫斯基。"对于尼采有关痴傻的行文最富有启发性的论点，首推Stellino，此人曾对类比法进行过仔细的研究，特别强调痴傻和天真方面的研究（Stellino 2007, 208），并对羊癫疯和白痴之间的关联加以注意。他的充满外交辞令的结论强调，在与Sommer（转下页）

第四章 救世主的类型

1888年春天,在尼采为"耶稣类型"所做的笔记中,就已经可以看到尼采将陀思妥耶夫斯基的"白痴"与勒南的"天才"进行了比对:

> 耶稣是勒南"天才"的反面,他是白痴。〔……〕科学、审美观、精神教养、逻辑之风没有轻拂这位神圣的白痴〔……〕须知:他是极为聪明的民族中的一个白痴……只有他的弟子不是白痴。保罗绝非白痴!基督教史就有赖于此。[1]

(接上页)(Sommer 208)的评论相联系的情况下,面对尼采的文章,陀思妥耶夫斯基所塑造的人物梅什金和《反基督者》中耶稣的类比性:梅什金公爵像是尼采的耶稣。这并非因为他的痴傻应理解为心理学的,而是因为他消解了所有的界限,因为他对这个世界不要太好。在尼采笔下,耶稣作为一个"白痴"和陀思妥耶夫斯基的同名小说有着隐秘的联系。与《卡拉马佐夫兄弟》这一有关异端裁判所的大审判官的小说有着本质的相似性,这个相似性植根于耶稣和教会之间根本性对立的设想——然而这种对立即使在西欧也是空中楼阁。与自由主义的《圣经》批判不同,陀思妥耶夫斯基将对立推向极端,以致"被钉十字架者"一词包含一种新的、令人不寒而栗的意思:大审判官曾表露过,教会面对复活的耶稣,会将耶稣第二次钉在十字架上。这对我来说是难以想象的。尼采如若了解这一事端,那他是不会引用这一故事的。

[1] KSA 13, 14, 237. 对札记中所进行的生理与心理方面的研讨表明,当时的判断还动摇不定,早期的札记就是以此为特色的。耶稣只是理解"五六个模糊的概念";他相当后进……充满孩子气的天真,正处在青春期;没有能力理解"精神方面的问题"。所有这一切,在 AC 中既有积极的一面,也有保持审慎、敬而远之的一面。转折点乃是"一个湮没于象征的存在"(AC 31, KSA 6, 202)。

对于尼采来说,"白痴"在面对柏拉图化的保罗和他的怨愤时有种特别的伟大,这种伟大端赖上述情况。在陀思妥耶夫斯基的《群魔》的法语译本中有这样一句话,正好能说明这种状况:只有伟大的人,或者傻瓜,才会抵制理智。[1]

正因为"他不抗拒"("福音书中最深刻的话语"),正因为他由于"平安幸福"而具有最最无能者中最最愚蠢的无能:"无法承受敌人",所以"低能的耶稣"才会抵制"洞见"(bonsens)。他对"任何现实都有不加反思的本能的仇恨",为过敏的、针对伤害的颓废提供保护,他是在进行他生存性的语言游戏。这样的一种努力不仅要对付曾经受过苦的实在,也要对付可能的认知范畴。其真正的推动力乃是超越生理学反应的一种认识论的推动力,这是反基督者正确提出的第一个假设:

> 厌恶任何程式、任何时间和空间的概念,反对所有固化、习俗、建制和教会之物。将自己的家安放在尘世中,安放在没有任何实在会触动的这个尘世里。〔……〕[2]

---

[1] KSA 13, 11, 153;尼采采用了 Victor Derelysf 的译文(Les possedes, Paris 1886)。

[2] 在 AC 29, KSA 6, 200 的结尾处,就是这样。这种作为语言大师的耶稣没有加以反思的举动,我觉得,阻碍了在"人世是苦海"意义上那种特殊的时间情势的解释;Koecke 建议思考对这些耶稣段落的时间构想的解释(Koecke 1994, 189)。即便这样正确无疑:《反基督者》(转下页)

第四章　救世主的类型

他回溯了耶稣从心灵的特殊到艺术的一般逐步下行的尘世生活经历的来龙去脉，从而既快速又细致地描述了途经的每一站：从对形而上的栖身之所（安个家）的卑微需求，到将宗教建制、道德理解为宗教共同体和社会对伦理的背弃[1]（"反对一切习俗、建制和教会的东西"），到对一切稳定秩序的拒绝（"反对一切牢固的东西"），直到驳斥根本性的认知范畴（"反对任何时空概念"）。"对任何程式的厌恶"在这一连串否定中显现为最宽泛的普遍化和最具决定性的基本特征。

只有当耶稣将反对范畴的语言实践发展为另一种时空概念时，这种语言实践才能使尘世家园的感觉成为可能。所谓范畴，是在程式化的尘世里逐步形成的；而尘世再也没有任何现实来触动。这一直是虚弱者和受难者的一种心理和病理的防卫态度。可将世界闹得天翻地覆的语言似乎要扬弃时间。他不仅宣布"快乐的福音"的到来，而且还想象福音到来时的情景："他本身任何时刻都是'他的天国'。"[2]

每时每刻也就是永恒：也许在耶稣语言实践的确立中，时

（接上页）中耶稣"缺少任何意愿来了解已经发生了什么，正在发生什么，将要发生什么"，他还是要做好准备，"一切都让它去了"（同上书，192）。这样一来，由《反基督者》描述的结果，意志力乃是基于这种准备状态，即使耶稣本人没有认可这种意志力。

[1] 按照 Durkheim（1981）的说法，这是宗教社会学的术语。
[2] AC 32, KSA 6, 203.

间范畴扮演着举足轻重的角色。克里斯蒂安·奎克令人信服地提醒人们注意反基督者的耶稣形象具有的重要意义。在犹太教和基督教中处于中心地位的本质性概念和观念是时间性的，所以，通过否定或扬弃这一范畴便可以一下子将它们取消。这一方面涉及过去，比如"罪责"（Schuld）、"惩罚"（Strafe）、"原罪"（Suende）；另一方面是关涉未来的，比如"工资"（Lohn）、"愿景"（Verheissung）、"天国到来"（Kommen des Reiches des Gottes）[1]等。在反基督者所描绘的宣言中，两者全都缺席。取而代之的是少数几个总被重新改写的概念，"直截了当地表达当下。'完成''拯救''平安''极乐''神化'等概念，并没有像在尼采那儿那样被锁进时代的笼子里"。[2]

因而，耶稣所肯定和神化的尘世是只有过去而没有未来的现世，远离任何救世思维，更没有任何历史哲学的思考。懵懵懂懂、穷困潦倒的"最初教徒"将那些诸如"回归"、"最后的审判"、任何给人带来期望和愿景的完全非福音的概念毫不迟疑地塞给救世主，这些概念在反驳和战斗中是不可

---

[1] Koecke 1994, 189.
[2] 同上书，189 f.。对 Koecke 的建议：反基督者的耶稣仅只是"一个死气沉沉的凡人"，参阅第64页注释〔2〕。最后的引言是："归根结底，他是人之子，他不是历史上实有其人的具体人物，而是一个'永恒的事实'，是一个无法纳入时代的心理学象征……"（KSA 13, 11, 155）

第四章　救世主的类型

或缺的。[1]

耶稣的新约四福音书与福音书之间的对应，耶稣和紧随他的教徒之间的对立，会在下面的章节得到强烈的呈现——它不植根于时间性的思考之内，而是与之相对峙。时间性思维可以在历史神学的规划中发挥作用，正如在道德的病源学中一样，采用的是一种任何时代都无法认知的语言：

> "天国"其实是一种心态，而非什么尘世之上的东西，也不是什么"死后"〔……〕而来的东西；肉体的生命及其危难从根本上说，并非为了"福音"的导师而存在……"天国"绝非人的愿景；它既没有昨天也没有后天，"千年"之后也不会来，它只是一种心中的体验；它在任何地方，它不在任何地方。[2]

从反基督者的眼光来看，对耶稣的信仰似乎是存在于时间之外的（虽则它起初是一种紧急防卫式的反应）："它就在那里，太初有信仰。"

引人注目的是这种思路下"现实"一词的使用。它一直延

---

[1] AC 31, KSA 6, 202.
[2] AC 34, KSA 6, 207.

伸至对退化和生命力的诊断。如果说耶稣最根本的动机是对任何现实都持天生的反感态度,并由于天生软弱而忍受"真实的世界","生命的至乐是唯一的现实——剩下的一切不过是表达至乐的符号……"。[1]不过,这"剩下的一切"全是能用语言说出来的东西:

> 如果说我对这个伟大的象征主义者有所理解的话,我所理解的乃是,他只是将内在现实当作现实,当作真相;而把其余一切自然的、时间的、空间的、历史的,全都理解为符号,理解为比喻的机缘。[2]

维尔纳·施特克迈耶尔曾这样解释道,对于反基督者来说,耶稣"完美的符号世界"意味着"在符号中将所有暴力的强力意志扬弃的权力"。[3]阿洛伊斯·M.哈斯将尼采晚期著作中的这种思路归诸神秘主义;而表述经验的语言与神秘主义话语的视

---

[1] AC 33, KSA 6, 205.
[2] AC 34, KSA 6, 206. 在这个艺术家耶稣和尼采的自我表达之间进行类比。参阅雅斯贝尔斯 1952,71。
[3] Stegmaier 2000, 58;论尼采在《瞧,这个人》中独特的症候学后果。同上书,58-60。Sommer 的研讨也指向这一方向:"实际上在耶稣'自由精神'的指引下尼采独特的语言疑虑重又回归。这种疑虑在救赎者那里并非受到对语言的识别能力的制约。"(Sommer 2004,83)

第四章 救世主的类型

野产生了关联。[1]在此种情况下,哈斯对反基督者的"福音"重塑未置一词。以这样的方式再造福音乃是不言而喻的事。耶稣身上引起反基督者讶异之事,以及耶稣身上堪为楷模之事,都是将狂喜的神秘主义瞬间永恒化,这就是"神秘合一"(unio mystica)的充实而永恒的瞬间。

而今反基督者的"福音信使"再也没有发明新的语言表达方式,他说话不用舌头,也不令人狂喜,全然只用熟悉的、通常的语言套路。不过,他对这些语言套路持续不断的、诗意的转换与颠覆,使其凝缩和动态化。同样,他这个"白痴",这个"智障者"(imbécile),对"有识之士"(bon sens)冷嘲热讽起来。

这是一种非常严肃的语言游戏,可用比喻的概念来概括。反基督者,显而易见是在广义上,而非此类称谓通常的角度上使用它们。掉落下来的不仅是有关耶稣的传闻,还有原先存在的,一直被接受下来的语言资料和相关词语:

> 不在字面上使用任何词语,对这位反现实主义者来说乃是能够说话的先决条件〔……〕整个现实,整个自然、语言本身,对于他来说,只有符号价值,只有比喻

---

[1]"以经历者的身份说话。"尼采的神秘学概念。Haas 2003, 15–23. Havemann 也有类似的论述(2002, 159)。

的价值。[1]

甚至"语言自身"也成了比喻。福音派新教徒马蒂奥伊斯（Matthäus）曾对耶稣的宣告做了报道："所有这一切都是耶稣以比喻的方式对人民说的，若不用比喻，他对众人什么也说不出来。"马蒂奥伊斯的说法可以说是将语言批评推向了巅峰。[2]

耶稣的极乐意味着，在其自身的经历与尘世经历中，内外不再有什么分别，所以一些日常用语，比如"这里"和"那里"，"现在"、"之后"和"当初"等都属于这位伟大的象征主义大师的比喻和符号。所有带有神学意味的概念，比如"人子"，"典型的象征主义者上帝"的概念，"天堂"，"天国"，"和上帝的父子关系"[3]；"宽恕原罪"（这里指罪与罚的了断和勿抗恶），一直到"符号'父与子'"以及《约翰福音》的核心概念，"'生命或真理'或'光'"[4]，才真正属于比喻和符号。

---

[1] AC 32, KSA 6, 203. 我的强调。
[2] Mt 13, 34.
[3] AC 34, 206.
[4] AC 32, KSA 6, 204："他只是说他心里的话：'生命'或者'真理'，抑或'光明'。这是他内心深处的话。"这三种在不同情势下出现的概念乃是耶稣的自白。这三个词乃是"他的话"，后来成为三种变体。请参阅 Joh 14, 6（"我是道路，我是真理，我是生命；无人能取代我成为天父"）和 8, 12（"我是世界之光"）。

所有这些概念在耶稣的语言中只是表面上的"程式",有人便自以为了解神学术语了。实际上,它们会自然而然地展现为一种无时间性的神化生活的诗意的比喻,这种生活在语言交际行为中被强调和介绍出来:在那遥远的年代(Time out of Mind)。耶稣这种充满诗意的符号语言越来越成为反基督者重塑工作的对象。

不仅事物通常的称谓在耶稣的比喻言语中要对无言的经历加以凝缩,而且对所称谓的事物本身也要加以凝缩。反基督者在第32节曾言简意赅地做了总结:"剩下的就是符号。"他在下一节对"剩下的"做了界定:"一切自然的、时间的、空间的、历史的。"耶稣的符号语言是"象征主义者"的语言,将这种时间性的世界当作没有时间性的现实,提醒人们注意到这种现实。他说起话来也像一个象征主义者:"他的存在是一种在象征中游走的存在。"[1]这样一种表达似乎要将耶稣推向顶端,正如拉尔夫·瓦尔多·爱默生(Ralph Waldo Emerson)用一种浪漫的语气在1838年的《神学院致辞》(Divinity School Address)中所说的那样,这是一种超验的奠基性的文件。爱默生曾将人的灵魂确定为原本的启示之地,与此相关的是,他反对教会的此岸彼岸两分法,而将真正的福音看作自然的语言

---

[1] AC 31, KSA 6, 202.

行为,"他看到上帝道成肉身,并进一步掌握他的世界。他说,在他的崇高的愉悦和情感中,'我是神圣的。上帝通过我来行动;上帝通过我来言说'"。这预言性的,同时又富有诗意的语言,"诗人口中的歌唱",根本不同于任何概念性的语言,后者所要表达和总结的乃是将自我消解于众人的灵魂之中。正是这一点,爱默生继续说,从一开始便对正在构建的教会产生了误解,认为教会将耶稣比喻性的言语转变为了基督教学的原则:

> 他语言中的习语、他修辞的轮廓篡夺了他的真理的位置〔……〕历史性的基督教〔……〕居于,对耶稣其人的臭名昭著的夸张。心灵不知道任何人。它邀请每一个人拓展宇宙的边界,它对所有人不偏不倚,除了那些怀有发自内心的爱的人。[1]

用这样的语言将"极乐"改写为总在眼下的幸福状态,并以这种语言念起当时的具体情况。[2]正因如此,"耶稣类型"对于反基督者来说代表了一种生命形式和经历形式;这种形式不仅在历史上可以再现,而且在今天也是"可以想象的"。[3](他至

---

[1] Emerson 1971, 81 f.
[2] 同上书,参阅 Schneider 1983。
[3] AC 29, KSA 6, 199.

第四章 救世主的类型

少要回答这个原初的问题。)"真正的、原初的基督教"已成为一种表述,在《反基督者》开头的几个章节里,甚至最大胆的读者也不会想到,"在任何时代里可能的……并不是信仰,而是〔……〕另一种存在……"[1] 所以,耶稣的语言对于反基督者来说不再是作为与实践并驾齐驱的纯粹学说而加以重塑,而恰恰是其核心。[2]

不过,这一切会使一个世界分离为一个"真实"的世界和一个"虚假"的世界吗?尼采总是一而再、再而三地将其置于《偶像的黄昏》的中心章节,并将其斥为"受到颓废的诱导,是一种生命走下坡路的症候……","无论是以基督教的还是以康德的方式"。[3] 根本不是这样。即使对于语言艺术家耶稣来说,尼采为继续这个思路而假定的东西(又提起他的《悲剧》)也必定有效:

> 艺术家较之实存更看重外表,这是毫无异议的。"外表"在这里是再一次的实存,只是经过了选择、强化和

---

[1] AC 39, KSA 6, 211. "耶稣样式"的写作风格主宰了尼采的札记和手稿,在其所发表的文本中,集中了按其要求而具有普及化功能的"救世主类型"。这种样式的表达重又集中于"耶稣样式"。
[2] 从这里出发,对 Jüngel 于 1986 年所草拟的譬喻—解读进行神学方面的思考。
[3] GD "哲学中的理性", KSA 6, 74-79, 此处, 79。

> 修正……悲剧性的艺术家并非悲观者,他对一切可疑和可怕的事物都说是,他是狄奥尼索斯式的……[1]

反基督者的耶稣采取的方式是对尚未分离的世界疑虑说"是",这常常引起惊讶,这个世界经历的现实一切都可疑,一切都可怕,包括"象征",尽管如此,却并不可悲。因为他对任何将世界分裂为某种道德的或形而上的对立一无所知,所以他(似乎在书写的当下才生发出来)成为了日益向上的生活的角色。耶稣不由自主的、天真的艺术观提高了他对实践的肯定:对新发现的神学语言世界进行亢奋的、充满活力的重新解释。所以说他是狄奥尼索斯式的,是在非悲剧的、有爱心的、温柔意义上的狄奥尼索斯:一个艺术家的形象,是尼采在克服自身的意义上的,激进地克服颓废的形象,从这个意义上来说,他是一个尼采式的艺术家。[2]

这样一来,他便与那些现代艺术宗教的牧师和圣徒陷入了对立。这些人的病理,尼采在其前不久发表的《瓦格纳事件》中曾分析过。在书中,瓦格纳本人就是一个"典型的颓废者"。[3]

---

[1] 同上。"关于这个方案",首先是"论假象和表象之间的关系"。
[2] Sommer(2004, 83)强调这一点。Langer(2005, 157)又加强了这一点。耶稣对颓废的克服也坚定地反对了雅斯贝尔斯(1952)的论点。
[3] 在 WA 5 和 WA 7,KSA 6, 21 和 27 都是如此。

第四章 救世主的类型

这个颓废者也是出自生活的虚弱而成为一种新宗教的捐助者（他在名为"宗教与艺术"的文章里[1]曾指出这一点），其万应灵药是音乐，其庙堂是舞台，其楷模般的"救世主"是他本人。[2]在其技艺高超的自我导演中也好，在其最初的门徒令人误解的心醉神迷之中也罢，莫不如此。在《反基督者》出版前的几个月，尼采便随手在瓦格纳与耶稣之间建立起一种具有讽刺意味的谱系关系：

> 他（瓦格纳）的诱惑力提升到无以复加，他的周遭可说是香烟缭绕，他的迷误被称为"福音"，他还不仅仅将精神的贫困者网罗到自己身边！[3]

而今圣徒白痴与"纯粹的白痴"面对的是古伊特鲁里亚哑剧诱惑者，对于诱惑者来说，"无辜者"（"白痴"）只是其精心设计的诱惑艺术的又一刺激物而已。他竟然令人吃惊地成功了，没有人像现在的反基督者本人那样对此表示吃惊，完全是本能地、轻易地、毫不费力地成功了。这在瓦格纳那里只是精心揣

---

[1] WA 6, KSA 6, 26.
[2] WA 2, KSA 6, 15.
[3] WA 5, KSA 6, 21.

摩出来的技巧所显示的效果。在尼采自忖来日无多时的、狂热的创作中，他写给科西玛·瓦格纳（下面我还要谈及此事）："教皇对人类的通谕，你应该将其出版，先在拜罗伊特，书名就叫《快乐的福音》"[1]，他预先将庙堂艺术的高级教士和在《反基督者》的这几个章节中第一次称之为"快乐的福音"之间设立了对立。[2] 耶稣出于灵魂和肉体的虚弱而形成的平均主义的宣布者这一爱心宗教的形象从此便不复存在。反基督者在多大程度上引发了早期基督教团体以及由它们错误解读的耶稣之间的对立，那些虚弱和颓废的特点就会在多大程度上转移到那些原始的基督教团体身上，而耶稣在这种对立中接受了如此强烈的特点，以至于他不再以现实逃避者和宗教捐助者的面目[3]，而是以自身颓废克服者的面目出现：为内在的快乐情绪所强化，并为生命的经验所充实。而生命的经验在宗教之外，对尘世的否定一无所知。

宽容地说，耶稣可以称为"自由的精神"——他把

---

[1] 1889 年 1 月 3 日；KSB 8, 573.
[2] AC 35, KSA 6, 207 "关于尼采和瓦格纳的决裂"；在与 Benson 发生关于基督教新争论的语境下进行的决裂。
[3] AC 31, KSA 6, 201-203. 参阅 1887 年补充的 FW 第 5 卷第 353 段，KSA, 589；以及 Havemann 2002, 146。

第四章 救世主的类型

> 一切变为无:他将词语杀死,他要杀死所有固化的东西。他所认识的"生活"经验的概念,抗拒任何词语、公式、律法、信仰、教义。[1]

在表述上稍微宽容点儿说,即一种自由的精神。尼采就是以这样的词语对耶稣进行阐释的:从刚开始的生理病理化一直到(正如克里斯蒂安·奎克所说)他所要颁发的最高嘉奖[2],当欧菲尔贝克读到这些段落时,也有类似的积极感觉。[3]

"生活"相对于"宗教","否定尘世"相对于"自我肯定":耶稣就是以这些关键词一跃成为19世纪自由神学和保罗教会基督教的反对派,尼采同样与之进行斗争。他反而一段段、一句句地接受了反基督者鲜明的特色。他的宣布靠近圣亚努阿里乌斯(Sanctus Janurius);这一宣布和尼采的圣亚努阿里乌斯一起获得了一个热情洋溢的开端,并在1883—1885年间的《查拉图斯特拉如是说》中达到了巅峰。

1882年,在给《快乐的科学》第4卷写出标题之初,尼

---

[1] AC 32, KSA 6, 204.
[2] 在《耶稣》一文中 NL, 168。
[3] Overbeck 于1894年3月3日致 Peter Gast(Heinrich Köselitz)的信中说,尼采《反基督者》中的基督教如同"阿波罗之玛西亚斯(Marsyas)",会将它活剥一层皮。但是对其创立者却不是这样。迄今为止所做出的将其变成人形的尝试都显得异常抽象可笑(Overbeck /Köselitz 1998, 243)。

采将他的决心说成是他"继续生活的根本、保障和糖果","把事物的必然看作至美":"我要在某一时刻成为一个说'是'的人!"[1]六年之后,在《反基督者》第32节,作者看到,在第18节所要求的"生活美好,永恒的肯定"在耶稣那里已经实现了。这位圣亚努阿里乌斯的尼采所要达到的,对于这个幼稚的拯救者、这个"纯粹的白痴"来说,乃是唯一可行的生活形式:

> 〔……〕他没有任何理由否定"尘世",他对"尘世"的教会概念没有任何感觉……否定同样也是他所不能之事。[2]

否定的势头很强,否定产生于快速展开的对人物的描述。就在他转向"救世主类型"前不久,就在先行印出的几页里,反基督者还对一切教士和神学家所宣扬的东西大声说"不",对社会的等级制度大声说"不",对犹太教会还有耶稣教会大声说"不"。他一直在问,"耶稣是被理解了,还是被误解了"。[3]在其"耶稣再造"行将结束之际,在他重拾最初的问题"这个被

---

[1] FW 第4卷 276,KSA 3,521。
[2] AC 32,KSA 6,204.
[3] AC 27,KSA 6,198.

第四章 救世主的类型

钉十字架的人是不是一个暴乱的头领"[1]之际,他也拒斥这样一种观点:耶稣门徒错误地阐释了耶稣之死,从而引发种种误解,使得耶稣被诬为暴乱者。

> 直到现在,裂痕才逐步明显:"是谁杀死了他?谁是他天然的敌人?"——这一问题犹如闪电闪现。答案是:犹太教的统治者,犹太教的最高层,把耶稣理解为一个反体制的暴乱者。在其形象中,他那种好战的、敢于说"不"、敢于造反的特点尚且缺位;在此之前,他是个充满矛盾的人。显而易见,这一团伙恰恰没有理解,以那样的方式光荣赴死才是最主要的事儿。为自由而死,而非愤懑而死〔……〕。[2]

在这些地方,耶稣形象的变化在写作过程中随时可以操控;写作过程也是需要随时开拓空间的过程。这也同样适用于它创造性的结果。所有怨恨倏尔不见,而今,全都从救世主类型中消失,并对富有爱心的、对一切的肯定退避三舍;尼采也不再坚持过激的否定乃是肯定能力的先决条件,而这种先决条件还适

---

[1] 一个小规模的起义运动被命名为"拿撒勒的耶稣",AC 27,KSA 6,197。
[2] AC 40,KSA 213.

用于查拉图斯特拉。尼采在《瞧，这个人》中回首往事时这样说，"这位所有才智之人中最善于肯定的人的每句话都在反驳"。[1] 耶稣从这方面来说，甚至超越了查拉图斯特拉，这有点儿出乎反基督者的意料……对于他来说，否定同样是不可能的，又因为他对教会概念中的"尘世"毫无感受，所以对他来说，他没有任何理由明显地对它加以肯定。他无须说"肯定"二字，因为这与其实践，与其自身是一回事儿。[2] 这里，在颓废模式和那种令人想起"超人"的纲领形象之间出现了一种张力，作者似乎也注意到了，他对"假如我对这个伟大的象征主义者有所理解的话该有多好啊"这样的转折重新有所疑虑。

在将耶稣重新解释为具有稚嫩创造力的象征主义者的同时，对其作为出于接触恐惧的现实逃避者的病理性描述决定性

---

[1] EH 查拉图斯特拉 6，KSA 6, 213。
[2] 对于这一提示，我对 Andreas Urs Sommer 表示感谢。首先是 Kleffmann 对于反基督者的耶稣形象也有类似的看法："尼采在《反基督者》中最后详细描述的耶稣形象，表明了一种生活态度，或者说对生活的直接感受。这种态度和感受也显示出生活的狄奥尼索斯本质的一刻，是在没有道德戒律、没有彼岸目标的情况下纯粹的对生活的肯定，所有对立都消解于自身，一切都在现场〔……〕"（Kleffmann 2003, 324）。不过，这里的生活虽说是"纯粹当下的，可还是缺少回归自我的机制，这一机制才是自我纠正的载体。生活的当下性也包括了灾难。然而却是直接忘我、勇往直前的，展露出无限的内心，也就是说，在其主体中不是作为本质性的自我肯定的对象"（326）。这样说是不错的。然而耶稣，根本就不需要这种对苦难的肯定，因为他的尘世和自我关系一直是那种自我肯定的关系。

第四章 救世主的类型

地转移了。自此,反基督者的耶稣不再是颓废的代表,而是它的克服者。假如把"极乐"看成"唯一的现实"[1],那么它所要代表的同样也是此岸与彼岸并不分离,它可以义无反顾地肯定两个世界的学说。在第 7 节反基督者将耶稣作为"生命和生命能量的丧失"这样一个令人悲哀的例子引入,而今他体现了所有事物(极乐)整体的神化的感情。[2]反基督者的耶稣再造所恢复的、通过福音重新发现的东西,才是"真正福音的起源、福音的意义和福音的权利"。"'儿子'一词表达的是进入某种将万物全面神化的感觉。"[3]

对耶稣进行重新解释的一方面——负面的——是要消除神

---

[1] AC 33,KSA 6,205.
[2] AC 34,KSA 6,207."神化"一词一直到他最后的书信中都显示出愈益重要的意义。早在他撰写《悲剧的诞生》时,就使用了这个词,不仅仅将其作为阿波罗艺术观的术语,而且还作为狄奥尼索斯神秘仪式和与其相应的救赎这一概念的称谓。在 GT 中,他就是把"希腊人的狂欢中的尘世救赎节庆与神化节庆的意义"(KSA 1,32)看成是神秘仪式的目的(撕裂之后的神化 [1870/1871,KSA 7,156])。即使在 JGB 中,"神化和美化也能够相提并论"(KSA 5,80)。在这当中又会使用一对概念,即"救赎和神化"(KSA 5,135.在 1872/1873 年的札记里也是这样的,KSA 7,19,420)。1885 年随着《查拉图斯特拉如是说》的结束,尼采又将"存在的被神化者与超人相提并论"来与之相比(1885 年初夏,KSA 11,35,541),并解释说:"假如他学会了自我神化,那么人就会变成被神化者。"(1885 年 6 月 /7 月,KSA 35,541)只是从 1888 年春开始,这样的对比才似乎有了提升:"神化,圣化"(KSA 13,14,226)和不断革新(KSA 13,17,520),"才是神化和美化"(KSA 13,15,413)。
[3] AC 36,KSA 6,208.

学上的陈词滥调和固定不变的思维方式。所有这些也都是尼采迄今为止与基督教进行斗争的首要对象,其中包括耶稣。另一方面——正面的——是将其作为真正的"快乐的福音"加以重塑,这出现在自圣亚努阿里乌斯以来的地平线上:

> 在"福音书"的整个心理学中,缺少罪与罚的概念,也缺少奖赏的概念。"原罪",每一距离——上帝与人之间的距离,全都消弭,同样这也是"快乐的福音"。极乐不可期,它与条件无关:它是一种独一无二的现实。其余的一切是表达极乐的符号〔……〕没有什么比教会的生拉硬扯更背离基督教的了;说什么"天国"就要来临,说什么"天国就在彼岸",说什么"上帝之子",此乃三位一体的第二人。所有这一切都是把拳头放到眼睛里,哎呀,在什么样的眼睛上啊!一种世界史的玩世不恭,在对象征的嘲笑中……[1]

"象征"概念有两种意思,一是日常所说的符号学,意味着耶稣符号研究的总体;而在狭义的教会神学意义上来说,就是信仰的自白,是指其信仰哪一种神祇。

---

[1] AC 33, 34, KSA 6, 205 f.

第五章 ……善恶彼岸的上帝

自尼采早期巴斯勒时期的著作发表以来，对超越时空的生活的整体肯定，便作为"象征"被拟人化，作为神话形象被叙述起来了。它的名字叫"狄奥尼索斯"。大概是自 1885 年，仍是这个上帝的形象，在保留其基本特点的情况下，重心开始转移。自此之后，在尼采的札记里，狄奥尼索斯不再以悲剧式神秘崇拜和心醉神迷的、残酷美艳的智慧神祇的面貌出现，而是一个越来越富有活力和诱惑力的，温情脉脉的世上万物的肯定者。他似乎给人这样的印象，仿佛逐步具有了《悲剧著作》中仍被视为与他相反的那种阿波罗式的神采；他将这些特征整合于自身。[1] 在这一综合体内，放荡、强力和狂喜并没有消失。然而与对深层福祉的强调相比，它失去了分量。1885 年早秋，

---

[1] 这也吸纳了两个神祇古代崇拜的特色，而今这两个神祇并肩坐在德尔斐的庙堂之内，受人礼敬拜祭。"在这里并非事关这一方面或另一方面，而是事关两极分化，两者相互对立，相反相成"；两者的相反相成也在牺牲祭礼之中实现（Burkert 1997, 142 f.）。有关"阿波罗"式生活的美学神化和阿波罗与狄奥尼索斯在宗教领域中的张力关系，请参阅 Otto 1933, 187-193 所做的总结。

尼采写下这样的文字：

> 当希腊的身心"繁荣昌盛"，尚未陷入病态的狂热和愚昧之时，出现了一种神秘的象征，这是当今地球上所曾达到的对尘世的最大肯定和对存在的神化的象征。这里有一个标尺，自此，生长的一切，是否太短，是否太穷，是否太挤，都由这个标尺来衡量〔……〕。

这与写下这些话的人有什么关系呢？

> 等待着，准备着；等待着，新的泉水会喷涌而至；准备着，在形单影只时，随时都可能有不速之客前来造访，陌生的面孔，陌生的声音；这时集市尘土飞扬、喧哗吵嚷，就是在这样的情况下，灵魂得以涤荡，越洗越清爽；所有基督教的事物都为超越基督教的事物所克服，还不仅仅是自我摆脱〔……〕——谁在肩负着这样的责任生活，谁人知道，有朝一日会遭遇到什么？[1]

---

[1] KSA 11, 41, [7] 681. 首先要指出的是，"狄奥尼索斯"的成长在其晚期作品中往往占据中心位置。Colli, 后记，同上书，722。

第五章 ……善恶彼岸的上帝

这就是他的思路,后来被收进他最后的文集。这里是在寻找"克服"基督教的狄奥尼索斯精神,这是一种新的源泉,陌生的声音清晰可闻,会有意想不到的相遇。在发展的过程中,狄奥尼索斯形象的新的特点在速度和力度上都有所增长。

在尼采1888年春的札记里,有着对生活的整体性质的狂热肯定,那种美妙的描述可以说达到了无以复加的地步。只要他在什么地方想起《悲剧著作》,狄奥尼索斯那古老的形象就会完完全全地浮现出来。[1]《偶像的黄昏》乃是尼采后期哲学的总结,其中,部分是较早完成的,部分是在撰写《反基督者》的同时期完成的。由此出发,尼采回顾了他的这部早期著作:

> 即使在最陌生、最严酷的境况下也会有对生命的肯定;生命意志在其最高级类别的牺牲中也会为自身的永不枯竭而欣然自得——我称其为狄奥尼索斯风格。我想这是通向悲剧诗人的心理学桥梁。不是为了摆脱恐惧和同情,不是为了借助激烈的发泄而涤荡、清洗掉危险的情绪——亚里士多德就如是理解——而是为了超越恐惧和同情,成全了自身永恒的生成之乐……这永恒之乐中

---

[1] 这一概念在 GT 的回忆性札记中得到了解释(KSA 13, 14, 224)。

还包含着毁灭之乐……[1]

在同一部著作里,他指出伟大的肯定的程式,是一种"令人愉悦的、令人信任的宿命论",是"狄奥尼索斯"的同义语。他补充说,他最喜欢的诗人之一,约翰·沃尔夫冈·歌德已经预示了这一点。他所有的作品都在为这样一种信仰辩护:"只拒斥个别,而整体来说,一切都会得救,一切都会受到肯定。"谁要是达到了这样的信仰,尼采便顺理成章地得出结论,"就不再否定了……"。继而他把这一观察最可能的普世化与对有关古典艺术和唯心哲学的谈论方式的最可能的加工提高结合到了宗教领域之中:

> 这样的一种信仰是所有可能信仰中最高尚的信仰:我对其进行了洗礼,其教名即为狄奥尼索斯。[2]

即便是运用于歌德作品的狄奥尼索斯这一神话教名仍然受制于

---

[1] GD 我为何对年迈之人满怀感激之情,KSA 6, 160。
[2] GD 一个不合时宜之人的随想 49, KSA 6, 152。在 1885 年 8 月 / 9 月有关狄奥尼索斯的札记里,尼采坚持:"人们只是在最杰出的名姓前说出'狄奥尼索斯'这个词儿来,比如说在歌德之前,在贝多芬之前,在莎士比亚之前,在拉斐尔之前:我们觉得我们一举对准了最美好事物之最美妙的时刻。"(KSA 11, 681, 41)

《悲剧的诞生》及其前后出现的著作中的美学：这样的肯定正像任何对所有个体的肯定一样，救赎了原本是"下流无耻的东西"，因而也可能是最崇高的信仰（"信仰"一词在这里出现了三次），正如这种层级化的空间隐喻所暗示的，这种思想远远超越歌德的作品而上升至最高层次，进入根本。他瞄准的是宇宙生命的大格局，作者对其进行了洗礼，"其教名即为狄奥尼索斯"。

在其最后的遗稿中，尼采还是一再重申，"即使在最陌生、最严酷的境况下也会有对生命的肯定"，这是一种狄奥尼索斯的精神。[1]这样一种糅合了希腊与其本人所创作的神话的神话人物，一直处于他表达方式的中心，在这一形象中，他将自己的哲学——抽象的纲领人格化了。在"狄奥尼索斯概念"[2]这一表述中，这种过渡是显而易见的。一方面，这一概念是一个名称，它体现了形象化的纲领；另一方面，人物形象与名称越来越减缩为概念的比喻，概念可以假手于这种比喻而加以叙说。叙说的主人是这样一个人：一种信仰能否确定为"最高信仰"取决于这个人的恩宠，不仅仅是赋予它一个名称，而且还

---

[1] GD 我为何对年迈之人满怀感激之情，KSA 6，160；这最后的一段来自 EH 最初的手稿。参阅 Langer 2005，152。Willers 解释说："耶稣的对敌之爱，对于尼采的狄奥尼索斯式的存在不会造成丝毫的影响。"（Willers 1988，271）而后，以我之见，"狄奥尼索斯"概念便又重新降为《悲剧的诞生》的纲领。而《悲剧的诞生》自《快乐的科学》以来进行了很大的修改。

[2] EH 查拉图斯特拉如是说 6，KSA 6，345。还要参阅 Stegmaier 2004，20f.。

要为这一名称举行"洗礼"。这位神话哲学家,亦即狄奥尼索斯的叙说者,而今就像先前的《悲剧著作》及其神秘的瓦格纳狂热崇拜者那样作为真理的宣布者,作为传达救赎的福音使者来说话。前者具有预言性质,后者则起到了祭司的作用。

在1888年的其他著作中,也都贯穿着这样的倾向。因此,在先前的狄奥尼索斯纲领和修改之后的纲领之间充满张力。一方面,尼采在其著作《瞧,这个人》中仍然强烈赞同他对悲剧性狄奥尼索斯的界定,而这一界定在《偶像的黄昏》中却有所更新:

> 我在多大程度上弄清了"悲剧性"这一概念,最后我在《偶像的黄昏》第139页里有所表达。所谓弄清"悲剧性"这一概念,亦即彻底了解悲剧的心理学。

继而,他又重提有关《悲剧著作》那段曾引证过的文字,这段文字表现出的"毁灭的乐趣"达到了登峰造极的地步;并且强调了"对过错和毁灭的肯定",认为这种肯定在狄奥尼索斯哲学中"具有决定意义,也是对对立与战争的肯定"。[1]另一方

---

[1] EH 悲剧的诞生 3, KSA 6, 312 f.。这与晚年回忆其再洗论有着密切关联,"这是肯定的最高公式,能否达到也不能言之过早"(EH 查拉图斯特拉如是说 1, KSA 6, 335)。

第五章 ……善恶彼岸的上帝

面,他在1888年12月其组诗即将付印前的最后一刻更改了书名;这一诗集乃是他最后的文学活动。而今,从"查拉图斯特拉的歌曲"生发出《狄奥尼索斯颂歌》。在其中,他将狄奥尼索斯从《查拉图斯特拉如是说》所有的概念语境和评论中抽离出来,最终作为一个像"绿宝石般的美丽"的形象出现,他是阿里阿德涅的诱惑者和搭救者。[1]

在感受到《狄奥尼索斯颂歌》中修正了的狄奥尼索斯的光辉形象之后(对此还要详加论述),人们也就会觉察到前后文本中狄奥尼索斯的黯淡无光,距离《悲剧著作》中的狄奥尼索斯也只是一步之遥。在其清醒的最后那一年,尼采反观《查拉图斯特拉如是说》中反《圣经》的做法,发现这个虚设的人物与这个查拉图斯特拉自身已融为一体。而这个虚设的人物是由尼采自己在神话、宗教传统的基础上自由创造出来的;同时,狄奥尼索斯也不断得到新的理解,这一形象也愈益迷人。对于痛苦、灾难和毁灭欲念悲壮的肯定,而今代之以对生活意义的肯定。这已成为一种存在方式,一种自化为本体的实践。问题

---

[1] DD 阿里阿德涅的哀叹,KSA 6,401。对长条校样的改正可参阅原书第59页。同时狄奥尼索斯似乎与这种修饰语在一种不显眼的、诗歌的自我反思中转而成为肉体的颂歌——对此,尼采在EH中是这样解释的:"我是颂歌的创造者。听,查拉图斯特拉在旭日东升之前(Ⅲ,18)自言自语道:这样一种绿宝石般的美丽,这样一种神庙的柔情,还从来没有从我口中说出过。"(EH 查拉图斯特拉如是说8,KSA 6,345)

是，尼采在《瞧，这个人》中写下了这样的句子，"对所有事物自身持肯定的态度"，在付印时又补充了一句："这是再一次强调狄奥尼索斯的概念。"[1]

那种说话方式符合狄奥尼索斯的存在方式；比如，尼采在《瞧，这个人》的前言中曾这样描述查拉图斯特拉的形象，并且在《狄奥尼索斯颂歌》中也是这样写的：

> 这里说话的不是狂热分子，这里不是在说教，这里不要求你信仰：一言一语，一点一滴，都是从无限灿烂的光华和幸福的源泉中流淌出来——缓慢而柔和，娓娓动听。[2]

在这样一些关于狄奥尼索斯实践的文字中所说的，与《悲剧著作》中所倡导的狄奥尼索斯模式仍相距甚远。相反，这使人联想到自身的生命与尘世的生命，这是在《反基督者》中由拿撒勒的耶稣赋予的生命。

还有一种探究支持这一怀想。它关涉《查拉图斯特拉如是说》中耶稣自身形象的问题。这一形象与《反基督者》中

---

[1] EH 查拉图斯特拉如是说 6，KSA 6，345。
[2] EH 前言 4，KSA 6，260。小写记下的"速度"（tempo）一词乃为音乐天赋的术语。

第五章 ……善恶彼岸的上帝

展现的形象恰恰相反。[1]查拉图斯特拉，这个狄奥尼索斯式的一切的肯定者，满怀悲悯之心居高临下地俯视"希伯来的耶稣"，将他视为与自己相对的一切的否定者。他深以为遗憾的是，他只知晓"希伯来人的眼泪和忧伤，再就是善人和义士的仇恨"。[2]他在查拉图斯特拉眼中的形象，显而易见，在很大程度上与尼采在修订《反基督者》中有关耶稣的段落时所描绘的耶稣形象是颇为吻合的。所以，在查拉图斯特拉看来，忧心忡忡的希伯来人耶稣之死也正如他的生一样：生活使他厌倦。他厌倦了这种受尽苦难的生活，厌倦了到处受到伤害的生活。他是一个颓废而纠结的人："求死的渴望便突然向他袭来。"[3]

而狄奥尼索斯的肯定观，是一种伟大的自我疗伤，是由查拉图斯特拉针对耶稣而宣告的。如此一来，查拉图斯特拉悲叹不已，后来反基督者反而成了他的耶稣"心理学"的主角：

> 他要是滞留于沙漠中远离善人和义士就好了！也许

---

[1] Willers 不无道理地强调："直到《查拉图斯特拉如是说》，尼采创制了形形色色的耶稣的形象，一个个全都不同，但是到头来全都是在拒绝之列。然而在《查拉图斯特拉如是说》之后，却显示出其鲜明的样貌来。最后在'反基督者'中定格了下来。"（Willers 1988, 254）
[2] 查拉图斯特拉如是说1，论自由之死，KSA 4，95。
[3] 同上。

尼采最后的文字

> 他学会了生,学会了对尘世的爱——还学会了笑![1]

在《反基督者》中,亦即在将近三年之后,耶稣算是得到了教训。准确说来,在该书的核心章节,在该书的起首,他还是老样子,就像查拉图斯特拉刚见到他时那样。两个文本加以对照,就可以清楚地看出,《反基督者》中的耶稣已经发生了轻微的蜕变,作为狄奥尼索斯形象的轻微蜕变:正是在一种极乐的永生中,同时包含着生与死,几乎不再认为它们是对立的(更不要说承认这种对立了),就像对善与恶一样。这一点无法明说,只可暗示。现在,在《反基督者》中,身心虚弱的颓废的耶稣变为所向无敌的强者。

自1885年开始的狄奥尼索斯的转向,在从《偶像的黄昏》中所表现出来的种种责难到向救世主类型的过渡中愈益清楚地显现出来。耶稣是按照狄奥尼索斯的形象加以修复的,因而这形象具有狄奥尼索斯的特点。尼采在对他的耶稣进行重新解读的同时,也对一些核心的神学概念(或者说,对他业已完成的对耶稣的再解读的重构)重新进行解读,他以极大的决心全力以赴,这事关"上帝"一词的问题。

---

[1] 查拉图斯特拉如是说,KSA 4。这一段来自1880年春的札记:"令人遗憾的是,耶稣基督英年早逝,很有可能他是他的学说最早的背叛者,也许在此之后他还学会了笑,很少去哭。"(KSA 9,3,66)

第五章 ……善恶彼岸的上帝

第18节讲述的是与犹太教和基督教神学进行论战的情况，反基督者将矛头对准"上帝是精神"的腐朽观念，他抨击使上帝堕落为生命的矛盾体的神学，从而对"上帝"一词赋予积极的理解，"反对生命的上帝转化为了对生命的神化，永恒的肯定"。[1] 在有关耶稣的章节里，"上帝"一词仍然存在，这里抽去了"堕落"，"生命"大放异彩。

这一点很容易漏读，也确实常常被漏读。在"上帝死了"的宣布者那里重又出现了一种肯定的上帝概念，这是更令人感到诧异的，更何况反基督者在该书结尾处咒骂这一词语在教会基督教意义上的使用，骂它是罪犯的勋章。[2] 这种转变和耶稣的实践有关，与作为那些人的杰出代表的实践有关。对于那些人来说，"上帝"这个词就是对所有事物都会说"是"，作者有时也是这些人当中的一员。[3] 不言而喻的是，还要注意引号。引号标示出棘手的词语，现在将其当作已过时的哲学时代的语录，作为"众神类型发展"[4] 的尼采谱系的一部分。不过，在

---

[1] AC 18, KSA 6, 185；我的强调。在第55段，对耶稣之后的教会和基督教进行清算。后来这一特点被称为异教。拿撒勒自身也曾说："我们大家都是异教徒，大家都对现世肯定。对他们来说，'上帝'一词是对所有事物说出伟大的肯定〔……〕"（AC 55, KSA 6, 239）

[2] AC 反基督教律法，KSA 6, 254。

[3] AC 55, KSA 6, 239.

[4] AC 18, 6, 185.

这些引号里，旧的词语却令人惊异地获得了新生。看起来就像是对一个问题的回答。这个问题尼采在研读勒南 1886/1887 年的文章时就已经记了下来。那年冬天，他已经在考虑发出"上帝已死"论断的可能性，并且尽可能地对旧的词语赋予新意。其中还是有显著的区分：

> 从根本上来说，也只是克服了道德的上帝。在"善恶的彼岸"有那么一个上帝，这有什么意义呢？[1]

这样的一个问题早就触动着尼采与上帝之间那种刺激性的关系。因为同样是在《善恶的彼岸》中，尼采首先让耶稣作为上帝之爱的宣告者闪亮出场，上帝之爱对"道德"可说是一无所知：

> 耶稣对他的犹太人说："律法是针对奴仆的，热爱上帝吧，就像我爱他那样，做他的儿子吧！道德与我们这些上帝的儿子又有何干！"[2]

---

[1] 1886/1887，KSA 12, 5, 213.
[2] JGB 4. 主要章节：格言与幕间演出 164，KSA 5, 101。参阅遗存札记 KSA 10, 3, 61。

第五章 ……善恶彼岸的上帝

在 1887 年秋,尼采曾对这样一个问题反复权衡,设想一个"超越善恶"的上帝有什么意义。他曾想到一个答案,这个答案导致了"狄奥尼索斯转折":

> 上帝被设想为一个摆脱道德的自由人,他将生命的矛盾的全部重担挤压于自身,并在上天的折磨中解脱,并自行辩解——上帝是彼岸,在可怜巴巴的游手好闲的道德之上,在"善恶的彼岸"。[1]

而今,在《反基督者》中,他本人正围绕着一个"善恶的彼岸"的上帝奔忙,在基督教的太初,在语言和拿撒勒耶稣的再造中。现在,这个特殊的"象征主义者"上帝会对一切事物说"是"。因为,只有耶稣所施用过,并用其比喻语言加以改写的实践才能引导人们走向上帝,它本身也就是上帝。[2] 这样一来,他那充满比喻的、僵化的修复甚至也包括神学语言的应用。反基督者则对这语言的应用极尽挖苦之能事:说什么"圣父、圣子和圣灵",三位一体。[3] 好像是从他的眼睛揭下了教义的纱

---

[1] KSA 12, 10 [203], 581.
[2] AC 33, KSA 6, 206.
[3] "我和父亲是同一个人", Joh 10, 30。

巾之时，反基督者开始认识到三位一体教义作为根本概念的真正意义：

> "父"和"子"这样的符号所要表达的，大家都很清楚——可也并非尽人皆知。我承认，"儿子"一词表达了所有事物中最美妙的感情自身（极乐），恒久的感情，完满的感情。"父亲"一词所表达的是这种感觉本身，这是恒久而完美的感觉。[1]

对儿子的这种重新解释也包括主张父与子本质一致的基督学义理，并要从耶稣的实践出发使得义理变得通俗易懂："他否定上帝与人之间有任何鸿沟，他经历了上帝与人的统一。"[2] 对儿子的这种理解也会对耶稣的孩子气，对他的爱心和对孩子的亲和力产生影响。在尼采早期的论战文字里，孩子理所当然地站在"娼妓和无赖"中间，耶稣叫他走近他。作为一切受到不公平待遇之人的代表，退化的耶稣不由自主地将其愤懑发泄到一切伟大者和一切美好者身上。[3] 而今他们体现

---

[1] AC 34, KSA 6, 206 f. 这里顺便说一下，本真和区别之间的关系，从表象上来看，类似于基督学。
[2] AC 41, KSA 6, 215.
[3] 1884 年春, 25[156], KSA 11, 54。

第五章 ……善恶彼岸的上帝

着那种"极乐",在"子即他的耶稣面对父亲"身上发现了他们最纯粹的特征:福音正好意味着不会再有对立,天国属于孩子们。[1]

尼采在其所附的札记和手稿中,曾对"父"与"子"的关系进行过一次基督教的演讲,同时也对捐助公众的精神(不事声张)进行了重新解读。无所不包的、消除一切的爱心把"父"与"子"统一于一体,与此同时,这份爱心凭借富有捐赠精神的共同体也会将一切"我和非我"的鸿沟填平。因为:

> 人若相互爱护,人若为他人而活,那么人就会合为一体;他的弟子和他就会合为一体。[2]

这正如《约翰福音》中耶稣所言:"我和天父是一体。"对于他的门徒人众,可得出这样的说法:"他们是一体,正如我们是一体。"[3] 起初研究的只是救世主谱系令人失望的心理学,从中

---

[1] AC 32, KSA 6, 203.
[2] KSA 13, 11, 183.
[3] Joh 10, 30, 17, 11. Koecke 在 NL 曾发表了一篇有关耶稣的文章,指出:"三位一体,上帝之子说,被钉死在十字架上以求救赎、复活,所有这些核心教条对于尼采来说都根本没有丝毫作用。"如果情况如其所言,那么对于狄奥尼索斯式生活哲学的中心教条的价值重估来(转下页)

慢慢产生出某种具有孩子气的、相对温和的狄奥尼索斯兄弟的形象。他对尘世的经历不是狂喜的,不是暴力的,不是悲剧的,而是温和的、幸福的;他经历的世界是一个不可分离的、绵延的系统。他不像尼采那样在彼岸,而是仍在充满了痛苦与乐趣、生与死的此岸。对上帝的这个儿子来说,他已不再与道德发生关系,他沐浴于爱中。他生活在善与恶的此岸。[1]

(接上页)说至少是误解。事实上,尼采也的确没有接受这些教条中的任何一个,而是将它们富有挑战性地重新加以解释,参阅第七章(对十字架至死和复活的重新解释)与 S.120 f.(对三位一体的思考)。

[1] JGB 4. 主要部分:格言与幕间演出 164, KSA 5, 101。雅斯贝尔斯曾指出其相似性(Jaspers 1952, 71),不过在这里,他对于"尚需"和"不再"之间的道德区分还没有认识清楚。

第六章 时代和永恒

所有这一切都发生在文本之中,文本具有令人高度紧张的活力——一种越来越少反思、越来越清晰的叙事活力。抑或更精确地说,反思是以叙事的方式来表达的。正如这里重塑的拿撒勒的耶稣的"信仰"与表达,也没有通过反基督者给个说法。"它生活着",同时它"抗拒着程式"。[1]它首先抗拒的是现代主导科学的程式。这种活力似乎与这些科学有某种关系,部分是反讽的,部分是加重语气的,从历史语文学的原始资料研究、医学生理学和心理学,直到形而上的哲学批评,都有某种关系。它甚至抗拒尼采自己平日所偏爱的谱系中的有识之士。

如果他凭着记忆引证《圣经》语录而预先从文本批评的角度对其给予尊重,如果他粗率地规划出宗教历史类型学,或者如果他"以一种生理学家的严格"来说话,那么反基督者就会持续不断地模仿客观做派和历史学家、医务工作者、心理学家、批判的《圣经》语言学家,以及那些实证主义时代满腹经

---

[1] AC 32,KSA 6,参阅第四章。

纶的受宠角色的谱系学激情；在作为更高级的健康表达的"纯粹的白痴"和"退化"诊断之间不相一致的情况下没有阻止自己。[1]没有任何话语开启对于这里发生的真相的讨论；反基督者对此提出含蓄的要求，这是很具有讽刺意味的，正像他明白无误地讽刺施特劳斯和勒南作为语文学者的骄傲。他将所有这一切视为"符号的机遇"。这些符号指向完全不同于生理学或文本历史症候的事态。他要迫使他们从事一种完全另类的写作，使他们成为讨论的材料，而他将利用这些材料进行完全不同的语言游戏。

反基督者对其耶稣进行描述，描述的时间越长，他本人就越清楚地向这一颇富悲悯之心的角色靠近：这是一个观察者、沉思着、感情极为投入的叙述者，他可以随意调换观察他主角的角度，由外到内、由内到外，随意转换。这位主角往往发出喊叫声、感叹声，并提出反问来打断反基督者的叙述；他还一再突出"自我"而使自己大出风头。反基督者和被描述者的关系变幻无常，由水平相当的介绍（"可说大家都很清楚，但也

---

[1] 有关耶稣"退化"的论点愈益陷入与天真—纯粹的白痴相反的境地。对于"退化"的诊断自身来说，可以毫无挂碍地称之为声明。这些声明相互之间不无吸纳附加条款而加以抵消：一方面，从生理学的角度来看，发育会从停滞的青春期突显出来，这是来自某种程度上身体内隐含的青春发育；另一方面，可将其解释为心理防卫反应的结果之一。

第六章 时代和永恒

并非人尽皆知")所决定,由充满疑问的钦佩(假如我对这个伟大的象征主义者有所理解的话)所决定,由冷嘲热讽的优越表情所决定;这种表情仔细看来,只是尊重的另一种形态。他的目的并非将耶稣再一次历史化,而是要穿越许多世纪的遥远年代来体味他那种"迷人的魅力",他全然是一个独立自主的形象,抗拒着传统。反基督者对他重新加以解读,以一种尚不确定的方式靠近他。

对救世主普遍类型的重塑从一开始就闹嚷着要对耶稣的特殊类型进行重塑,而今在施行中,一段更比一段显著地具有独特个性形象的特点。在对救世主普遍类型的重塑中,对《圣经》语文学批评的分析越来越少于对一篇狭义的叙事文本的思考。有一次作者自己觉察到,"居然没有一位生活在这些最有趣的颓废者身边的陀思妥耶夫斯基"来取代不可理喻的福音传教士的位置。[1]

一位陀思妥耶夫斯基?这些"俄罗斯小说"的氛围及其所描述的堕落的环境,都使得反基督者感到能够从犹太—基督教

---

[1] AC 31, KSA 6, 202. 首先,陀思妥耶夫斯基小说的世界和福音的神圣信条之间具有相似性,尼采在其《瓦格纳事件》的后记中曾这样说:"福音书为我们所展示的生理类型,正好与陀思妥耶夫斯基小说里所描绘的相似。"(KSA 6, 50)在《偶像的黄昏》里,他感念陀思妥耶夫斯基,说陀思妥耶夫斯基是一个他能学习的心理学家:"他属于我生活中最令我感到幸运的境况。"(GD 一个不合时宜之人的随想 45,KSA 6, 147)

社区联想到这样的氛围和环境（也许是陀思妥耶夫斯基的《群魔》和《死屋手记》重又浮现在他的面前）；不仅如此，他也是一个观察者，他能以非科学的、情感的方式来感受和复述这里发生的事："我说的陀氏是这样一个人，他恰恰知道怎样来感受那种由高雅、病态和童真混合而成的令人迷醉的魅力。"[1]这里所说的某个人就像反基督者自己。他并非明确地在某种实证主义的意义上来讨论有关一个历史形象的"真理"，而是要讨论这样一个问题，他的类型是否还行得通，是否还是"流传下来的"。[2]而今他凭借自己敏锐的感觉和想象力重读被文学史忽略的地方。他对最初的问题至少是在其第一个方面已经给予了正面的回答。他的认识特权并非医学检查的特权，抑或对遗存进行文学批评的特权，而是一种与观察者志趣相投的预见性——同情理解的角度（几乎像在其远亲克尔凯郭尔那里一样）。[3]

一篇通常意义上的叙事作品因而不是他投入地参与其中的表达，既不是一个形象的肖像，也不是对环境的描述，更不是历史的全景图。因为直至现在，这种叙事还是明显缺乏一个事件。而这本身又是一种根本的叙事性缺失的结果：这里缺少

---

[1] AC 31, KSA 6, 202.
[2] AC 29, KSA 199.
[3] 尼采有意借 1888 年 2 月 19 日致 Georg Brandes 的信来研究"克尔凯郭尔的心理问题"（Nr. 997, KSB 8, 259）。

第六章 时代和永恒

的,也正是这种形象在尘世经历和自我经历中令人讶异地缺少的范畴,也就是时代。时代之所以缺乏,显而易见是因为时代在源头上就不起作用。相反,之所以时代没有到位,乃是因为这一叙事者刻意使时代与这些源头形成鲜明的对照,竭尽全力避免时代。时代缺位,乃是因为反基督者(念念不忘历史对生命的消极作用)首先是以反历史主义者的面貌出现的。[1]

他曾不止一次着手利用《圣经》文本所开启的机会,通过范式性的场景来塑造耶稣的形象。这些在其札记里都有提纲挈领的记载,比如与玛利亚·冯·马格达拉的相遇,"逐出庙堂",或是"无花果树的奇异故事"。[2] 在其发表的文字中,不讲什么"故事",不讲关于耶稣的故事,甚至不再运用比喻,比喻标示着这位"伟大的象征主义者"的言谈。有关耶稣的文字既非将其表现为训导者,亦非将其表现为救赎者,甚至不是作为狄奥尼索斯的面包和酒的分享者,而是将其表现为超越时间的永生者;不是将其表现为孩子的抚慰者,而是得到慰藉的孩子。

---

[1] 在《不合时宜的沉思》之后来看福柯、尼采、系谱学和历史(福柯 2005a,183-187)。
[2] KSA 13,11[378],175;11[301],127,11[369],165;在一个早期写下的札记中,所谓的历史还是完全引用 Mt 21,18(KSA 13,11[272],102)。这里也在尼采专家勒南的语境下诠释耶稣的引言,认为其所依仗的完全是舞台表演(比如"我要摧毁神庙,但在三天之内会重建它",KSA 13,11,182)。

这是对于《圣经》文字和自己先前的文字的双重背离。特别是在超越传统碎片而谈到跨界的救赎史的叙事模式的地方，这种背离尤其显豁；在每一个事件不是直接趋向结束而是趋向一个预先设定的目标的地方，这种背离也同样显豁。从这个目标出发加以追溯似乎就是动机。

1932 年，克雷门斯·卢戈夫斯基（Clemens Lugowski）在名为《长篇小说中的个性形式》的论文中曾将这样的"自后而来的动机"当作"神话的相似性"进行过根本性的讨论[1]，这里说的是神话世界视野与叙事的对应性。在此种视角之下，一切事件看似都是开放的，实际上最后的结尾都有一定之规。要是在广义和狭义的宗教—救赎史的世界视野内再加以区分，那么也可以说是"上天注定的相似性"。有了这样的相似性，历史事件的发生所可能具有的开放性便可解读为上帝意旨计划的完成。[2]

---

[1] Lugowski 1932，Heinz Schlaffer 于 1976 年发行了新版；Martínez 1996a；Martínez 1996b 以及 Schlaffer 1990。

[2] 凡是在两者无法消解的平衡处，Martínez 就会说起"两个世界"，某种叙事摇摆的角色。Arjouri 于 2007 年曾指出，对于所发生事件的两种解释都立足于因果关系。Meincke 曾于 2007 年在 Martínez 研究的意义上强调，以宿命论的方式进行解释需以因果存在为前提："在 Martínez 的术语中，叙事世界的特殊模式由两种动因来确立，一为因果动因，一为宿命动因。"这种世界模式从实体论上说不是统一的：一个"经验的因果世界"对抗一个"听天由命的宿命的世界"；一个行动的、开放的视野对抗一个封闭的视野（141 f.），"关于 Clemens Lugowski 的'神话'、'神话类似性'与'听天由命'之间的关系"，参阅 Detering 1996。

第六章 时代和永恒

而今，目的论的叙事结构将天意的救赎历史的宗教概念与历史哲学结合起来，作为世俗化的对应。传奇这一样式可以理解为这种世界历史解读的叙事性对应，而对世界历史的解读事实上与单个人的传记有关。在其《反基督者》中，尼采以耶稣脱离时代的叙述来回答对世界救赎历史的解读和对耶稣生活的传奇解读。

这样，尼采迈出了超越查拉图斯特拉纪念碑式的、对《圣经》进行模仿的关键性一步（连同先前的《快乐的科学》）。在这部反福音书中，从头到尾，从30年代战争的隐修一直到回归人世，《圣经》的模式只是在叙事上颠倒了过来，以至于"超人"和"权力意志"大声回答深山布道；"同样事物的永恒轮回"回应着《圣经》救赎历史的线性时间构思。[1]

这样一种颠倒以其偏离和理性判断来运转，但一直是在线性的和历史的叙述关系中运转，这种关系往往以讽刺的曲调趋向于救赎适合的叙事传奇模式。"救赎者类型"不是生活在流逝的时间里，而是生活在停滞的当下，"对所有事物都怀有神化感情的当下"。在对"救赎者类型"的追忆中，这种时间的内在联系也被斩断。在这种耶稣表达和《圣经》福音文本之间的鲜明对照中，出现了一种吊诡的态势：这里会虚构一个没有

---

[1] 有关详情，参阅 Löwith 1987b。

小说的小说形象，没有事件的叙事，以及没有时间的发生。[1]

G. 沙皮罗（G. Shapiro）在其《尼采反勒南》一文中最清晰地看到了反基督哲学与反叙事之间的联系：

> 尼采在其《反基督者》中不仅挑战了勒南的描述的实质，更是在一般意义上反对他将任何叙事加诸耶稣生命的意图。〔……〕在尼采看来，不应当叙事地理解耶稣〔……〕，因为他恒常不变，没有任何发展。[2]

实际上，在迄今为止我们讨论的所有问题里，反基督者所赋予的表达的无时间性与他的耶稣的无时间性都是相对应的。因为天堂（在尼采发表的文字中有更清楚的表达）不是按照纪年的历史到来，不是按照日历到来，而是"随时都有可能到

---

[1] Birus 在 1996 年提到，叔本华《作为意志和表象的世界》中的表象是建立在停滞的现代的意志形而上学基础上的："因为生命对于意志来说，当代对于生命来说，都是确定无疑的。所以任何人都可以说：'我一劳永逸地是当代的主宰，当代会永久地陪伴着我，就像我的影子〔……〕。'"这样一来，"我们展示自己意志的唯一形式便是当代；唯一的形式摆脱不了当代，不过意志也真的不会摆脱当代。生命一如往昔，它使得谁人得到满足，是谁千方百计肯定生命，此人可以满怀信心地、无尽无休地前来观察"。（叔本华 1974，Bd. 1, 386 f.）

[2] Shapiro 1982, 193–222, 217 f. 这一思想被吸纳于"作为涂鸦的文本"（The Text as Graffito）一章，并加以深化。参看 Shapiro 1989。

第六章 时代和永恒

来,随时都有可能不来"[1],所以它的宣布者和居住者的表达永远不是按照纪年时间顺序。因为教会作为文本的"反福音"(Dysangelium)[2]就在于,救赎的传奇取代了这个伟大的象征主义者的象征的即时和随时[3],所以这种对耶稣福音书的重塑是对《圣经》文字的撤销,并在自己的表达模式中以象征的即时和随时取代了救赎史、传奇和历史。所以其形式(与尼采的原件相反)也适应于同样的无时间性,而这种无时间性赋予了耶稣对世界和自我的理解。

导引性的问题"他的类型是否可行?"可说是已经超越了历史时代,专注于对救赎者的追忆,以对付历史性的《圣经》批评带来的距离感。它不仅仅专注于一个遥远的历史角色的延续或重复,而且专注于进入其"生命体验"的可能性;"生命体验"是随时中的一时,是将一切过往都取消的当下。凡是这位反基督者感受为教会退化的非救赎史的东西,他都探究"救赎的心理学现实";他还要探究耶稣深层的本能,"人必须如何生活,才能感到自己在天堂,才会觉得自己属于永恒"。[4]

---

[1] KSA 13, 11[354], 154.
[2] AC 39, KSA 6, 211.
[3] KSA 13, 11[354], 154.
[4] AC 33, KSA 6, 206.

第七章 在十字架上,在天堂里

即便是在最典型的"事件"作为纯粹的幸福的悲惨结局似乎进入了无时间状态的地方,即便他垂死于十字架上,对于这位象征主义者来说,也并没有悲剧,并没有备受折磨,并没有时间。反基督者费了很多心血来回答这样的问题:耶稣过着没有时间的——幸福无比的美妙生活,这一形象又如何与他的死相统一呢?他曾对耶稣进行了最为详尽的分析,在下面与早期教会进行的论战中,他总是以新的变奏和新的表达来加以追溯。他不是这样说过吗,天真无邪的恋爱者真的会狄奥尼索斯式地"对一切可疑和可怕之事本身说是"吗?[1]这一问题对于反基督者对耶稣被钉十字架的态度具有决定性意义。

"救世主的生命,"具有核心意义的句子(在第33节)这样写道,"无非是这样一种实践——他的死也无非如此……"[2]这句话是从快乐的信使的角度来说的。他为他担保,根本不与

---

[1] GD 哲学中的"理性"6,KSA 6, 79。
[2] AC 33, KSA 6, 205.

第七章 在十字架上,在天堂里

生活对立。于是顺理成章地有了下面一段惊天动地的话:

> 在福音书里根本就没有自然的死亡这一说法[1]:死亡不是桥梁,不是过渡,它是缺位的。这是因为它从属于一个完全不同的,仅仅是虚幻的,仅仅是用作符号的世界。"死亡时刻"并非基督教的概念。[2]"时刻"、时间、肉体的生命及其危机,对于"快乐的信使"来说,根本就不存在。……"天国是虚无",人们所期待的就是这虚无。天国没有昨天,没有后天,不会在"千年"[3]到来。它仅仅是心灵的经历;它无处不在,它无处存在……[4]

---

[1]"福音"一词在这里显然只有(由反基督者为了对抗《新约》教条而重塑的)耶稣宣告之意。所谓福音,乃是指令人快乐的消息,与《圣经》的福音书有所抵牾。在这里,令人讶异的是,尼采如何将已经固化的神学概念按照语境使用其相互矛盾的意思:"新约",其读物作为教会的标准文本常常催他呕吐(AC 46, KSA 6, 323 f.),对于反基督者来说,是拿撒勒人"快乐的消息"的反面。只是在这一点上,还缺少"自然之死的概念";而自然之死这一概念具有核心价值的意义,开始于耶稣受难的传说故事和保罗十字架神学。

[2]"基督教的"这一定语只用于耶稣宣告自身,不再用于走向反面的教会学说和实践。这里就是少数几个这样做的地方之一。

[3] 无论是在历史上,还是来世论领域,这都没有根据;所谓"千年",是指"千年帝国"Apk 20。

[4] AC 34, KSA 6, 207. 这一思想早在 1887 年末就已经表露于尼采的札记里:"进入真正的生命——如果要拯救个人的生命于死亡,那就是要过一种普通人的生活。"(KSA 13, 11, 98)

在《善恶的彼岸》中,耶稣被描述为一个渴望爱的爱人者;出于对爱的需求而成为宗教杜撰的制造者——这里仍然显现出一个总是失望的人的愤懑——这就顺理成章地引出了他的亡史。

啊,明智的心灵猜到,即使最美好、最深挚的爱也是多么可怜,多么愚蠢,多么无助,多么虚伪,多么失策,与获救相比更容易毁灭!很有可能的是,在有关耶稣生平的《圣经》故事中,隐藏着一个为了探知爱而殉难的事迹,这是最令人痛心的殉难事迹之一:一颗最纯洁、最渴求的心的殉难对人的爱从不餍足,它要求爱,要求被爱,除此之外它一无所求;它严酷地、疯狂地以可怕的暴怒对付那些拒绝给它爱的人;这是一个对爱贪得无厌、不知餍足的可怜人的故事;为此他不得不发明地狱,以便把那些不爱他的人投到地狱里去——最后他明白了人类之爱,为此他不得不创造出一个上帝来,这个上帝能够代表全部的爱,代表全部爱的行动。——对于人类之爱,他怀着悲悯的心情,因为人类是那么可怜巴巴,是那么无知无识!谁要是有这样的感情,谁要是如此探寻爱,那他就会寻死!然而又为何沉湎于这些令人痛苦的事物而不能自拔呢?假定并没有人非要你这样

第七章 在十字架上,在天堂里

做不可。[1]

因为这关涉到个人,关涉到福音,关涉到耶稣的作为,所以不得不如此。反基督者对于耶稣被钉十字架而死看得很重,尽管他对此已经反复说明,他还是专门写了一节,这是第35节,文字是这样的:

> 这个"快乐的信使"死了,就像他活着一样,就像他教导的一样,并非为了"救赎人类",而是为了表明,人要如何生活。他留给人类的教益乃是他在法官面前的表现、在密探面前的行止、在原告面前的态度,以及他是如何应付形形色色的诽谤和嘲笑的,——被钉十字架的从容。他不反抗,他不为自己辩护,对施加于自己的无所不用其极的暴行他没有迈出反抗的一步,他甚至还挑战……他请求、他受难、他爱,和那些人一起,和那些害他而还活着的人一起……在十字架上对罪犯所说的话包含着全部的福音。"这真是一个圣人,上帝的孩子。"罪犯说。"你要是感觉到了这一点,"救世主回应道,"那

---

[1] JGB 第9 主要部分:什么叫优雅? 269,KSA 5,224 f.。

你就是在天堂里,那你也是上帝的孩子……"[1] 不对抗,不发火,不要怪罪别人……对恶人也不抗拒——而是要爱他……[2]

常常可以看出,尼采引证《圣经》,似乎并非逐字逐句地引证,他将《马可福音》和《路加福音》混在一起引用。在《路加福音》里,罪犯先是请求和他一起钉在十字架上的耶稣,在天堂里想着他[3];他认识到,这个像罪犯一样被处决的人乃是上帝的儿子,《马可福音》里这个秘密是袖手旁观的罗马上尉[4]说出来的。反基督者以其学院化的语文学早已胜过了尼采这个巴

---

[1] 从"对罪犯所说的话"到"上帝的孩子……"这一段在第一版中曾被 Elisabeth Förster-Niettsche 划掉。KSA 的评论家推测,这也许是为了表现尼采对《圣经》的"坚定不移"(KSA 14, 442),直至 1931 年 Hofmiller 才解释了这一点。
[2] AC 35, KSA 6, 207 f.(完全引述)两句《圣经》语录错合在一起,Biser 令人信服地评论道,"在这一点上,尼采对耶稣受难的体验达到了一定程度,克尔凯郭尔没能超过他"(Biser 2002, 21)。我觉得,Sommer 的总结认为,其思路、实践观念的激情,都有些狭隘:"拿撒勒的那个男子呈现的,并非存在和实现新的价值判断的方式,而是显得有些简陋〔!〕的生活中的实际(Sommer 2004, S. 81),没有因为过敏而毁灭于尘世。"他的论点,正好是《反基督者》有关耶稣那些段落暴露出来的"放弃判断的阐释学"。我觉得这是一个错误的方向。
[3] Lk 23, 42.
[4] Mk 15, 39, Lk 23, 47. 豪普特曼称被钉十字架者为"一个义士",而不是"上帝之子"。

第七章 在十字架上,在天堂里

塞尔语文学教授了("先不说尼采先生了")[1]:他引证《圣经》不是按照一个已出版的版本,更不用说按照希腊文本了,而是从其记忆中自由引证。

他按照自己对耶稣的理解修正了《圣经》的文字,他以双重形式的称谓"神一般的人""上帝的孩子"来取代弥赛亚这高贵的名号。这么一来,他对十字架的表述就接近于对"子"与"父"的耶稣概念的解释,并强调新近阐释的天真无邪。他以与基督共患难("假如你感觉到了这一点")的情感来取代罪犯对救赎者的信仰("一个圣人")。在共患难中,两人合而为一,都成了上帝的孩子("那你就是在天堂里")。

这里可以使人感受到其叙述过程的力度。在此之前还有五个章节说到耶稣的不抵抗,这种不抵抗被解读为他心理虚弱的症候,对苦难与刺激有着极端忍受力的结果。这样的忍受力使他觉得任何必须进行的反抗都是无法容忍地令人厌恶。如果说在那里对于刺激的极端忍受力有着另一种不断加以强调的理解,那么在这里,印刷出来的特别加以说明的附加语"不仅如此,他还要挑战……"使得薄弱的意志走向了反面。在尼采的札记里,第一句话说的是在十字架上,耶稣说,"为了使自己

---

[1] 1886年秋,在其《快乐的科学》的再版前言中,尼采曾这样写道:"我们先不说尼采先生了吧,尼采先生健康与否与我们有何关系?……"

有种'神圣'的感觉，不得不那样生活"。[1]反基督者还没有公开表达得这样清楚，他的作者却及早地想到了这件事。

"这个'快乐的信使'"，尼采写道，不再仅仅是福音，且很快乐——或者更是人形的体现、人形的化身。化为肉体的"福音"是存在的一种方式，而非一种学说；"对一切都永远回答是"（再次引证《瞧，这个人》），这同样是"一个好福音和一个好信使的状态……"。[2]尼采的耶稣，索摩尔认为，"与其福音，与其信仰是一体的"。[3]当耶稣被钉死在十字架上，这种一体性便清楚地显露出来，甚至可以说只有在这里才全方位地实现了。

耶稣留给人间的那个"实践"，在反基督者笔下不过是耶稣受难史的浓缩场景，最后归诸"在十字架上的态度"：

> 他留给人类的是他的实践：他在法官面前，在追随者、在告密者、在形形色色的诽谤中伤和讽刺挖苦面前的行为表现。——他在十字架上的表现。[4]

---

[1] KSA 13, 11, 157.
[2] 札记里关于"耶稣类型"的部分，KSA 13, 11, 164。
[3] Sommer 2004, 81.
[4] AC 35, KSA 6, 207.

第七章 在十字架上,在天堂里

此前不久,尼采在他的札记里就已经自由地描述了同样的场面:

> 罪犯被钉在十字架上——招致痛苦死亡的罪犯自己判决:"这个耶稣,没有暴乱,没有与人为敌,善良、驯顺、受难并死亡,仅此才算有了正义。"他肯定了福音,为此他上了天堂……[1]

为此,他直接理解了基督教从一开始就没有理解的东西。在有关十字架的另一手稿中有这样的话:

> 对十字架上的罪犯说的话无非是这样的意思:假如你觉得,不反抗、不发怒、不责怪别人,而是去受难、去怜悯、去宽恕,去为那些迫害你、杀害你的人祈祷,这就是正义,这样你就会得到心灵的安宁——这样你就会上天堂。

> 很显然,人们对主要问题没有理解:从所有愤懑中解脱出来的楷模便是主要问题;人们不理解,这样的死

---

[1] KSA 13, 11, 154.

亡甚至是战胜尘世世界的最大胜利〔……〕[1]

从所有愤懑中解脱：不难看出，耶稣在十字架上的态度正好与反基督者指责基督教为虚弱和颓废的东西相反。而这一点正好符合反基督者的意图，符合作者的意图，正像耶稣的生平符合他一样。"爱神：从现在开始这就是我的爱"，弗里德里希·尼采在《圣亚努阿里乌斯》中写道；他还补充说，"我无意指控，我压根儿就不想指控控诉者"。[2] 这句话又可追溯到尼采于1881 年写的查拉图斯特拉札记，这是有关查拉图斯特拉最早的笔记："查（拉图斯特拉）于是说'我不去指控，我自己是不去指控控诉者的'。"[3] 在耶稣"被钉在十字架上的表现"里，尼采看到，自此他眼前的目标业已实现。

在叙述者描述这种存在感的同时，他也忝为叙述者。这里所关涉的东西要以文本的时间状语结构来说明和认可。在通过概括性的现在时的路径上，在以陈述的过去时开始的这一节要

---

[1] 1887/1888 年冬，KSA 13，11，176 f.。
[2] FW 第 4 卷，KSA 3，521。雅斯贝尔斯再一次抹平了在这里遭到拒绝的保罗—教会的耶稣形象和反基督者的耶稣形象之间的差异，他曾这样说："耶稣死在十字架上，对他来说就是生活失败的表现，是对生活的控诉。"（雅斯贝尔斯 1952，72）
[3] KSA 9，12，616. 尼采 1882 年 6 月 8 日在给 Lou Andreas-Salome 的信中还有向上帝致敬的话语（Stegmaier 2004，10）。

第七章 在十字架上,在天堂里

完全引导至现在时的过去时。这使得反问句活跃起来,首要的是,这会使事件趋向作者的当下。一切集结于眼前,对话也随之展开,这一段在对话中达到高潮——颇不寻常的是,这是所有《圣经》译介中的唯一一次。

"尼采非叙事性的'耶稣生平',"沙皮罗在其《尼采反勒南》一书中写道,"实在是对叙事原则本身的攻击。"[1]反基督者在迄今为止关于耶稣的表达中,并没有提及那些《圣经》场面,在他的手稿中也只是将其记录下来,根本谈不上加以描述;正如我们看到的,反而全部予以清除。鉴于对所有场景坚决清除,而今那与罪犯的简短对话就更加引人瞩目。这里,在这个故事中第一次讲述了一个事件,而时序则具有关键性意义。

"'这真是一个圣人,上帝的孩子。'罪犯说",在他以现在完成时说完之后,他便认为被钉十字架者的故事永远到此为止了。救世主的教导纠正了时间感知。教导是用现在时说的,在那一点上,所有的言说都必须静默。因而修正的还有《圣经》的文本,在这里是希望的将来时,展望了即将到来的越界:"今天你和我一起在天堂。"[2]这位被钉十字架者是在停滞的现

---

[1] Shapiro 1982, 219.
[2] Lk 23, 43.

在说话,是以耶稣和狄奥尼索斯的时态来说话,他已经必死无疑。这种时态证实了所说为何事,语法形式上是:"假如你感觉到了这一点——救世主回答道——你就会上天堂,你也会是上帝之子……"人在这里、在现在是上帝之子,不是在将来,而是在现在,在此刻的天堂(paradise now)。

紧接着是讲述者以概括性的短语最终解除了眼前激动人心的场面;这些短语总结了耶稣的生活实践和死亡实录,不包含限定动词,归之于三不:"不反抗、不恼怒、不怪罪别人……不仅如此,而且还不抗恶,——还要爱他……"耶稣的实践在语法上直至标点符号都是明白易解的……

"所谓'死亡时刻'并非基督教意义上的死亡时刻",所以在这里说到的耶稣"还缺个死字":这些句子将去时间性做到了无以复加的地步。最后对历史主义[1]的批评扩展至对基本实体论的批评。这次,在没有神学概念的情况下,这些句子在对神学的核心概念进行具有活力的修订之后,最终导致了对诸如"复活"和"永恒轮回"的重新解读。因为正如耶稣一直生活在他的生活实践中,生活在他语言独创性的符号阐释中,总是在其"上帝的天下"和"极乐世界"里,他也生活在死亡里。这样的生活在任何地方都不是从死亡中复活

---

[1] 关于尼采的历史主义批评和他的历史圣经学的批评,参阅 Sommer 1997。

第七章 在十字架上,在天堂里

过来的人的生活,也不是以斯多噶式的潇洒死去的苏格拉底式的生活,而是一种在时代与永恒轮回的二分法之外经历的生存。

在《圣经》叙事故事的绘画中,往往会虚构出这种生存的神圣不可侵犯的幸福极乐的情景与这种乐趣的永恒:所以说,复活的历史不是按照某种年月顺序的复活史,不是墓穴空空如也的历史,不是光临者的主显节——这是因为他们都是以死亡为前提的[1],而死亡在这里则消失于无形——而是神化的历史(这要归诸复活节的现象史)。这一概念经过所有哲学变迁而又回归于尼采无时间性的幻觉,这一幻觉贯穿于他从早期至撰写书信时刻的生活。早在其悲剧书中,尼采就为他的读者确确实实地提供了一幅绘画。这幅绘画画出了救赎的幻象,幻象对人的精神施加欺骗性的影响,给人以能够克服生存苦难的希望。这幅绘画由拉斐尔创作于1519—1520年,名为《易容》抑或《神化的耶稣》,这是幼稚的信仰艺术品,"幻象的幻象",迷茫孩子的康复与神化的耶稣光临联系在一起。他当时暗示性地描述了两个主题组合:

---

[1] "是的,你对我来说还是所有坟墓的毁坏者。祝你健康,我的意志!只是,凡是有坟墓的地方,就有复活",在查拉图斯特拉那里,曾有这样的说法(Za 坟墓之地 2,KSA 4,145)。

在其作品《易容》的下半部，画了一个迷茫的小男孩，几个几近绝望的搬运夫，莫可奈何、惊恐不安的门徒，画家以此表达了永恒的、原始的痛苦，世界存在的唯一理由〔……〕。从这种画面中升腾出一个幻觉般的新的虚幻世界，仿佛飘荡出一股沁人心脾的芳香。那些陷于第一个画面幻象而不能自拔的人是看不见这个新的幻象世界的。它在纯粹的欢乐中，在毫无痛苦的远大目光的观照中光芒四射地飘浮着。〔……〕阿波罗以其高贵庄严的姿态向我们表明，这苦难的世界是多么必要，它会使单个的人产生得到救赎的幻觉〔……〕。[1]

自此之后，不管尼采形而上的和美学的纲领有多大的变化，其核心价值也许保留着，当时"耶稣光临"所开创的形象性在其最后的文字中充当了克服所有苦难，甚至时间和易逝性的幸福的圣像学。"世界神化了"，行将崩溃的尼采在1889年1月对梅塔·冯·塞丽丝和彼得·噶斯特写道（以后我还会讲到这个问题）。早在反基督者重新讲述十字架故事之时，所说的"在纯粹的快乐中，在毫无痛苦的远大目光的观照中光芒四射地飘浮着"就是当前的"天堂"，克服了所有肉体遭受的折磨。战

---

[1] GT 4, KSA 1, 39.

第七章 在十字架上,在天堂里

胜了各各他(耶稣被钉十字架的地方),光临者得胜了。

拉斐尔油画所展示的第二个《圣经》故事是说耶稣在山上意外碰到了他的两个门徒彼得和约翰,耶稣已被神化,形象光华灿烂[1],那形象既是尘世的,也是天上的,既是历史的,也是超越时间的。在耶稣的头顶是开放的天空;出现在画面上的都是一些过去时代的伟大人物:立法者摩西和先知以利,他们都聚集在耶稣旁边,以前是先行者,而今成了同时代人。在某一特定时刻,在巴勒斯坦的某一座山上,屹立着耶稣;光华灿烂、清晰鲜明,那是没有时间性的现在的耶稣;也只有充满预感的、茫然不解的彼得才会说这样的话:"让我们在这里建造一所茅草房吧!"以图将这一时刻重新定格在时与空之中。在反基督者的叙述中,被钉十字架的罪犯正好处于类似的局面,他和耶稣一样在"天堂"。和彼得不同的是,他理解暂时和永恒的区别。

谁要是让被钉十字架者的福音变为"实践",他就可以被毫无嘲讽之意地称为基督徒(这是在反基督者的语言工作中最后一次对神学概念重新解读)。当然,"从根本上说,只有一个基督徒,就是死在十字架上的那个"。[2] 不过显而易见的

---

[1] Mt 17, Mk 9, Lk 9.
[2] AC 39, KSA 6, 211.

是，任何一个人都可称为基督徒，只要紧跟着他（如果可能的话）。因为"死在十字架上的这条生命，曾生活过，他才是基督徒"。[1]在同一章节里有这样的文字。这样的文字要慢慢读：如果有谁像死在十字架上的那个人那样生活，他就可以在反身于一个被钉十字架者时以定语"基督徒的"来称谓自己——这倒不只是因为他那么温良地，抑或像斯多噶那样毫无怨言地从容而死，而是因为他分享了与时间、尘世和自我的关系，分享了与上帝的关系，这种关系在十字架上得以清楚地再现。反基督者以其特有的预知能力，知道耶稣以其死亡要独自达到的目的："耶稣无非是以其死亡对其教义进行公开的考验，来证明其学说……然而他的门徒远远没能宽恕这种死亡。"[2]

这里重又引人注意的是，表达、描述的范畴和反基督者在写书过程中所做的评价都在不断发生变化。在第7节，第36页之前，即使反基督者也远不会原谅被钉十字架者这样的死法。自《论道德的谱系》以来，还是那么坚定、那么自信，他还知道耶稣的十字架之死唯一失去的是什么样的教义。他反对把基督教当成"怜悯的宗教"："大致说来，怜悯会破坏发展的规律，也就是优胜劣汰的法则。这样，快要灭亡的东西得以保

---

[1] AC 39, KSA 6, 211.
[2] AC 40, KSA 6, 213.

第七章 在十字架上，在天堂里

存，对抗灭亡的结果有利于被剥夺遗产者和被判刑者。"他由此引申出这样的警告：怜悯有可能"会使全部生命和生命能量的损失与其起因形成荒诞的比例"。为此他举出"拿撒勒之死"作为恐吓的例子。[1]一代代尼采崇拜者都是这样来品味反基督者的耶稣形象的，不过也都是到此为止。

可是，第36页之后，他说十字架上之死全都变成了怜悯的故事（"他受苦受难，却和恶意待他的人一起去爱"）；他不是作为生活的罪犯而死，恰恰相反，他是作为生活中无往而不胜者而死，他体味过所有事物全部的美妙情感（极乐），并确确实实垂范式地代表了它。拿撒勒之死事件：在讲述耶稣事件的过程中发生了价值重估，"这个'快乐的信使'死了，正如他生活过一样，〔……〕，为的是向人表明，人要如何生活"[2]。

人要如何生活，或者说人必须如何生活？谁要是关注反基督和拿撒勒人之间的争论，就会对是否将这种直陈式仅仅看作是角色视角的再现不再确定了。开始说是虚弱者中最为虚弱者，之后又诊断为颓废者。耶稣只是出于对生理学接触的恐惧而发明了爱的宗教，如是，反基督者的耶稣当能够（且应该）为两个《教义问答》中的问题树立一个最富启发性的榜样，书

---

[1] AC 7, KSA 6, 173.
[2] AC 34, 35, KSA 6, 206 f.

的开头就提到了这两个问题:

> 什么是善?——凡是升华权力感,升华权力意志,升华人的权力自身者,都是善。

> 什么是恶?——凡是来自弱势者的都是恶。

可到头来完全不是这样:也正是在十字架上,弱势者展现出他必须做的是什么,以使自己有种"神圣的感觉"。也正是他的"不抗恶"有意识地对"极端"提出了挑战:"他提出了挑战。"也正是他将怜悯扩及到"恶意对待他的人",展示出一种正义,"这种正义表现出对任何谎言开战,即使是'神圣的谎言',他也将其当作任何其他的谎言加以攻击"。不过,反基督者在《教义问答》的序言中提到的几个问题的最后一个是:"比起某个罪恶,什么东西更有害?——行动上的怜悯,以及所有失败的弱势者——基督教……"而今最为极端的宣布者与生活经验的实践者表现出一种坚强,经历了死亡的考验——但这是刺激,是没有权力意志的坚强。快乐的信使作为伟大的肯定者不需要"诡辩",不需要"理由",因为

> 他的证明〔……〕是内心的欢乐情感和自我肯定,

第七章 在十字架上,在天堂里

纯粹是"力量的证明"〔……〕[1]

此前不久,尼采正是以这些话语在《瓦格纳事件》的后记中提出他的"主人道德"和"奴隶道德"的概念,基督教的道德可以说是奴隶道德:

> 高贵的道德,主人的道德,相反,植根于神采飞扬的对自身肯定之中,——它是对自我的肯定,对生活的自我美化,它同样需要崇高的象征和实践,然而只是"因为对它来说心太过满溢"。[2]这整个美的艺术,这整个伟大的艺术都归属于这里。[3]

"主人道德〔……〕是自我肯定,是生命的自我美化":在加利利,以高雅的方式发自心底感激这种肯定,给人以所向披靡、

---

[1] AC 32, KSA 6, 204. 在尼采后期的文本中,常常会出现"力量证明"的转向;它采取保罗(在路德翻译方面)的遣词用字:"我的话语,我的布道,不是存在于人类智慧的理性话语之中,而是存在于精神力量的证明之中。"(1 Kor 2, 4)
[2] 这里引证一句俗语,这句话本来是耶稣说给法利赛人的(这里又说到路德的翻译):"你们这些奸诈之人,怎么能说出善良的东西? 心里是怎么想的,嘴巴里就会说出来。"(Mt 12, 34)
[3] WA 后记 KSA 6, 52,并提到《论道德的谱系》。

神采飞扬的感觉，而这种高雅毫不自知。耶稣对一切都加以肯定，对一切都以比喻和符号来说事的象征主义，乃是穿着孩童外衣的"主人道德"的结果，也是以"白痴"[1]为表现形式的主人道德的结果。后来反基督者将保罗学说与耶稣的实践相对照，得出这样的结论："凭借这个象征，颓废取得了胜利。——十字架上的耶稣——难道人们还一直不理解这种象征主义背后令人悚惧的想法？〔……〕基督教是一场胜利，它埋葬的则是一种更为高贵的思想意识。"[2]

而今有个事件进入了这个平安无事、超越时空的神化世界，进入了这个口述历史[3]、没有主体的世界。于是悲剧便由

---

[1] 所以说，反基督者的耶稣形象沉沦于写作过程的最初几步，Sommer说："因而可以讲，耶稣在《反基督者》中乃是不无粗野的同义语。"（Sommer 2003, 297）再者，在关节点上，又常常是一闪而过，Görner就曾说过这样的话："在'如假包换'的基督身上，反基督者尼采看到的乃是一个造反派，他甩掉了罪责概念，建立了'上帝与人的和谐相处'。"（Görner 2000, 297）（AC 中说到耶稣："他和作为人、作为'福音'的上帝和谐相处。"AC 41, KSA 6, 215）正因为反基督者的耶稣缺少造反的一面（尼采在自己的札记里曾详细描述着"这样，耶稣没有作乱、没有敌意、善良慈祥、谦恭温良、逆来顺受，并且乐于赴死"，KSA 13, 11, 154），他和那个半死不活的耶稣有什么两样。取代这两者的乃是不由自主的、连续性的超级说法；这种表达方式是在一种前后一以贯之、并非真实的、具有比喻风格的话语的诗的语言游戏中现存秩序的表达方式。

[2] AC 5, KSA 6, 232. "这种高贵的思想"会翻转过来作用于耶稣的实践，而不是希腊罗马异教，相关的文本说得很清楚，至今保罗和教会还在篡改。

[3] 所谓"事件"在这种叙事学的意义上是对原则上不可逾越的两种语义学领域的界限的超越。参阅 Lotman。

第七章 在十字架上，在天堂里

此开始（Incipit tragoedia）；"福音的灾难"便开始了。[1] 这是什么意思呢？这要完完全全归诸教会基督教方面，真正的灾难就在于基督教对于十字架上的耶稣进行的重新解释。它首先随时代而变，它创造历史，它就是历史；叙说起来事件不断："基督教的历史——可说是从十字架上的死亡开始。"[2] 对于重塑过的耶稣来说，现在还不能算数，正是现在还不行。

这一点才是叙说的重点，迄今所说的一切也都是针对这一重点的："这个快乐的信使死了，就像他曾生活过一样"，临死之时还执着于尘世的经历。在尘世里，没有时间，没有死亡，有着未被搅扰的极乐。朗读时换一个腔调，那么视角也会有所改变："这个快乐的信使死了，就像他曾生活过一样。"这是同一个事件的外观，是对常识的感知，都用过去时表达出来：把死亡想象为最后通牒式的事件，是对底线不可挽回的超越。在尼采的文本中，这样的看法也仅仅是那些不谙世事的门徒的看法，对于他们来说，耶稣之死是"最可怕的吊诡"[3]；他的死分担着他们的前世今生，并将耶稣可以回溯的生命和教会的时代清楚地分开。只是在这里，在有关十字架上之死的章节以及其后的时代里，外部视角才重又回归。而外部视角在拿撒勒

---

[1] AC 40, KSA 6, 213.
[2] AC 37, KSA 6, 209.
[3] KSA 13, 11, 175.

人重塑的过程中总还是有利于内部视角的虚构而退居次要地位（"对于这个伟大的象征主义者我就是这样理解的"）。

如果说尼采的表述是从对新时代的感知一直到对所有过去事物的反思的话，那么从原点开始就有两种角度分道而行：一是主角的角度，一是门徒的角度。前者的表述可说是波澜不惊，后者则是一种波澜起伏的叙述。在以下几个章节里，乃是从第二个角度进行讲述的。第 39 节有这样的话：

> 〔……〕从根本上来说，世上曾只有一个基督徒。"福音"死在了十字架上。[1]

在这里，为耶稣那种恒定的因而平静如常的当下所留存的东西，要作为状况的不断越界（这甚至具有世界史的维度）描绘出一个轮廓来，要用一种完全不同于教会基督教历史解读的方式来进行。如果说，这种越界自保罗以来把民间"传奇"解读为世界的救赎史（所谓"越界"早在上十字架时就已经开始了），那么尼采的《反基督者》又重续前缘，并进行了颠覆：在耶稣的生死之中，对尘世的福音很可能就是结束于十字架上——"人们是在与福音的对立中建立起教

---

[1] AC 39, KSA 6, 211.

第七章 在十字架上,在天堂里

会……"[1]

倘若那就是"福音",倘若福音死于十字架上,那么就证实并完成了耶稣的尘世缘,就像尼采的反基督者从《圣经》经文并反其意中得以复原。倘若福音死于"十字架"上,福音变为保罗原罪说和救赎说的象征,那么尘世缘也会灰飞烟灭,这将对世界史产生重大后果。

只有当进入了历史时代,只有耶稣之死作为极乐存在的另外一种方式而服膺于一种经过宗教论证的、高深的历史哲学的逻辑,在存在的超越时空的"流"(flow)中,耶稣才能制造出叙事学意义上的"事件"。它显现为一个链条中肇始的事件;链条的总体应作为救赎史的世界史来看待。也就是从这里开始,基督教宏大叙事(grands récits)的线索分为两条,这就是将时间分为两个部分的事件;"于是人们就生活下来,人们就从那里开始生活"。只是从这里开始,最初的基督徒才回过头来讲述"耶稣的生平",讲述十字架的前因后果;他们以"福音"这一类名来称谓赋予超时空的快乐信息的时间性;也是从这里开始,他们将打造世界史。

如果说,被钉十字架者的死亡在其经历中恰恰并不意味着无可挽回的越界,那么它在手足无措的门徒的感知中正好会变

---

[1] AC 36, KSA 6, 208.

成"最令人惊怖的吊诡"。这种悖谬迫使他们重新讲述事件与其主角,在《福音书》的经文中可以找到有关文字——首先以这两个问题开始:"这是谁?这是什么?"[1]就是这样的十字架之死成了第一个事件。随着无时间性的外部视角的转换(从叙事学的角度来说:从一种内部的病灶化到外部的病灶化),阐述也转变为通常意义上的讲述。不过,因为耶稣的视角并不是那么轻易放弃的,而只是与门徒的视角相对照,于是十字架表述在语义和叙事方面就同样形成了双重编码。在十字架表述中,没有时间性的和有时间性的、平静如常的和波澜起伏的讲述便会分道扬镳。如此这般,对于反基督者来说,十字架才构成了从预知的重塑耶稣到解构教会的转折点。

此后反基督者一再回溯至十字架(在他的书中最早提到耶稣也是针对十字架的)。[2]在接下来的思路中,十字架被提升为原初福音的基础日期和终极日期。让我们再来看看第39节那个核心句子:

从根本上来说,世上曾只有一个基督徒,他死在十

---

[1] AC 40, KSA 6, 213.
[2] 关于"拿撒勒之死事件"的妙语与有关十字架铭文在重塑耶稣的犹太前提的原初意义向其自身描述过渡中的问题,请参阅 AC 27:"他作为政治罪犯被带到十字架前:证据就是十字架上的文字。"(KSA 6, 173, 198)

第七章 在十字架上，在天堂里

字架上。"福音"死在十字架上。[1]

这两个句子表现出对耶稣死于各各他的十字架上这件事的两种视角，第35节对这两种视角已经进行了集中描述。随着最初的绝望的基督徒慢慢感知到了十字架上的死亡，随着原本的丑闻被解读为原罪死亡而得到缓解，随着早期基督教的价值重估，对于尼采来说，福音耶稣已然归于死亡；这为原罪死亡的信仰者开启了通向彼岸极乐世界的方便之门。"可以看到，随着十字架上的死亡而终结的是什么。"同样是当下快乐的信息：没有时间性的、人人皆可登临的"上帝之国"，"一切事物整体神化的相互关联"。

---

[1] AC 39, KSA 6, 211.

第八章 价值重估

"'福音'死在十字架上"——接下去便是:是什么唯有通过反基督者才能重新活跃起来?在反对基督教的斗争中,在重新被解释为神化象征的十字架符号之下,这是福音。在这当中,超越同情之理解的重塑再造之外,他还可以表态。反基督者所恢复的是"快乐的福音",同样也是"福音的意义,福音的正当性"。[1]而今,他以近乎绝望的愤怒来反对"反福音"(Dysangelium)[2]:"怎么会全都误解了!!!"[3]

反基督者在下面几个章节里总是一再追溯这一对立;他一再将耶稣的福音与基督教的反福音进行对照:

> 对弥赛亚的普遍期待再一次成为关注的焦点;历史的一刻〔!〕尽收眼底:"上帝之国"要对其敌人进行

---

[1] AC 36, KSA 6, 208.
[2] AC 39, KSA 6, 211. 在札记里,尼采还写道:"保罗在流行歌曲中是以恶魔的形象出现的。"(KSA 13, 11, 109)
[3] 对于这些段落来说,在札记和手稿中就是如此(KSA 13, 11, 177)。

第八章 价值重估

> 审判……可这一切都被误解了:"上帝之国"是最后的一幕,是一种许诺!福音正是存在,正是圆满,正是这"上帝之国"的真实。正是这样的一死同样也是"上帝之国"……[1]

反基督者以"圆满"来反对历史范畴中的上帝之国的思维,所谓"圆满"就是上帝之国。他又重新解释了保罗的时间概念,时间在没有时间性的时刻(Augenblick)的意义上是"充满"的。[2] 如此一来,他又将它置于与基督教救赎历史哲学相对立的状态中,这种哲学在这里也只想认出即将到来的事件。与"伟大的象征主义者"的无时间性的学说和时间性相反,只有基督教才能造成严格意义上的"历史",伟大的象征主义者是不懂历史的。因此,只有他才会用叙事的过去时讲述历史。

因而,仅仅对于这种历史思维来说,《反基督教律法》那种伟大的鄙弃姿态是有道理的,反基督者在其后签上了自己的名字。该法令作为神学—历史哲学的法令宣称,基督教的基本概念被打上了罪犯的烙印:

---

[1] AC 40, KSA 6, 214.
[2] Gal 4, 4:"当时间被充满之时,上帝便派遣他的儿子,此人乃一个女人所生,并符合律法。"

> 基督徒接近科学时,其所犯罪行就会更加严重。因此之故,罪犯中的罪犯乃为哲学家。〔……〕
>
> 应给"救赎"历史命名,给它一个它所应得的名字。应该用"被诅咒的历史"来命名。人们应该将诸如"上帝""拯救者""救世主""圣徒"等变为骂人的话,使其成为罪犯的标志。[1]

都还是同样的概念,先前全部的文本曾将其作为耶稣的概念强有力地恢复了它们的声誉。反基督者的新"法令"是对误解的最后拒斥,而有利于被误解者。在"十九世纪末",他第一次重又认清了被误解者原有的清纯,并对犹太教经师大力宣布了这一点。为此,他将自己安排为新的救世主:他的书完成于第一年的第一天(——错误纪年的1888年9月30日)。[2]

本质上的两面性是反基督者关于十字架的演说的特点,被钉十字架者的演说也是如此。"反基督者"(这个词),每每根据背景情况和突击方向,可以被称为耶稣和基督教在世界末

---

[1] AC 反基督教律法,KSA 6,254。
[2] 同上。Sommer 在思考,尼采有可能事后对"律法"更改日期,因为12月初给 Brandes 的信(KSB 8,254)即包含这个文本中的引言,这些引言与现在的文句不符。

第八章 价值重估

日的最后斗争中最后的、最强大的对手,也可以称为耶稣学说及其实践的恢复者;同样,反基督者在有关耶稣的地方讲到"福音"和"快乐的福音",这不过是在一种坚定肯定意义上的"信仰"、"救赎"、"救世主"、"父亲"和"儿子"。凡是在保罗和门徒的语言习惯被接纳的地方,凡是有对教会和基督教的街谈巷议的地方,那同样的概念,比如在从"救世主"过渡到"基督教历史"的过程中,往往会发生突变,成为"骂人的话,成为罪犯的标志"。"福音就这么一下子完结了!"[1]

这类深不可测的语言游戏,在尼采后期的文本中常常引起混乱。一方面,诸如"十字架"或者"被钉十字架者"这类词会被用来作为招致尖锐攻击的基督教和"教会粗鄙"[2]的减缩程式。另一方面,这些词语也能够称谓完全相反的事物,即"所有事物的整体神化之情",这成了耶稣的形象,在十字架上得到证实并臻于完满,并且还成了原来的"快乐的福音"的同义语。在反基督者谈到十字架和被钉十字架者时——在教会的意义上,在狄奥尼索斯的意义上——《圣经》核心概念的含糊

---

[1] AC 41, KSA 6, 214 f.; 我的强调。谈谈"道德"这一概念的演变。Havemann 2002, 157 f.
[2] 尼采经常提及"被钉十字架者",似乎借助标点符号而有区别化的趋向:"被钉十字架者"一直作为"教会粗鄙"的秘密符号而加上了引号,而不是作为即将死去的耶稣形象的反面。

变化可说是达到了登峰造极的地步，这种变化是通过整个耶稣表达来铺垫的。

这种双重编码可以描述为对这两种立场最简短的总结。从一个角度来说，"十字架"表现出狄奥尼索斯救世主的飞扬神采；从另一个角度来说，是对这种符号的强力压制使其屈从于愤懑的权力意志。在尼采第一次将耶稣之死与对这种死亡的教会阐释进行对照时，他强调了这种对立，同时他还在有引号和没有引号之间进行区分——这是阅读提示，在论战的热潮中很容易为人忽略。(尼采在此之前在《偶像的黄昏》一书中曾使用同样的写作方式："歌德是我心怀敬畏的最后一个德国人〔……〕我们对'十字架'的理解也是所见略同……")[1]重温一下"十字架"一词是如何被作为符号处理的，是很值得的。关于他如何重新发现耶稣，反基督者写道：

> 从根本上来说，只曾有过一个基督徒，他死在十字

---

[1] GD 一个不合时宜之人的随想 51，KSA 6，153。所谓"十字架"，在反基督者的语言应用里有着不同的意义，Kleffmann 对此进行了精细的分析。他对所讨论的问题分门别类（当然是在不可分的"十字架"和"耶稣之死"的先决条件下）。十字架的原初意义是"在苦难中生活的一种自我肯定的最高表达"。除此之外，Kleffmann 把保罗的意思看成是对《福音书》的反叛。

第八章 价值重估

> 架上。"福音"死在十字架上。从这一刻起被称为"福音"者乃是他所历经的一切的对立面〔……〕[1]

紧接着的要结束的那一段,是关于早期教会的神学:

> 福音的灾难是由死亡决定的,——福音取决于"十字架"……[2]

一个基督徒死在没有引号的十字架上,——福音的灾难被钉在"十字架"上:"这样的死亡同样也是'上帝之国'。"[3]在引号里,这词语成了教会编码的语录,业已陌生化,业已被剥夺,这是因为保罗将救世主钉死在"十字架上"。[4]

在同样的意义上,反基督者甚至可以使用诸如"基督教"和"基督教的"这类他憎恨的词语,每每按照它们与教会还是与耶稣方面的关联或消极或积极地交互使用这些词语。消极方面,他们往往成为愤懑屈服的同义语,用来反对独立自由,耶稣曾经完善地实践过这种独立自由:

---

[1] AC 39, KSA 6, 211.
[2] AC 40, KSA 6, 213.
[3] AC 40, KSA 6, 214.
[4] AC 42, KSA 6, 215.

> 基督教的价值——高贵的价值：只有我们，我们这些变得自由的精神，才能重建这有史以来最伟大的价值对立！[1]

《反基督者》的第37节以及后来的两个章节里，关注到了救世主的类型："有一种生命是死在十字架上的生命，他的生是基督教的……"以这种生命概念作为前提，反基督者会立即解释道：

> 真正的、原始的基督教在任何时代都有可能兴起……这并非一种信仰，而是一种作为，首先是许多不可为，另类的存在……[2]

最后一句话来自《瞧，这个人》：

> 大家懂我吗？——狄奥尼索斯反对被钉在十字架上的人……

这种争论不休的情况造成了一种完全反复无常的人，这些人身

---

[1] AC 42, KSA 6, 209.
[2] 这一句和前一句引言出自 AC 39, KSA 6, 211。

第八章 价值重估

上矛盾重重。[1]反复无常的角色是来概括总结神话的变体,还

---

[1] Schank 1993年试图在对尼采的《介词运用》做道德分析时复制其中容易被忽视,然而在语义上对价值重估更为有效的部分,他采用的方法是:他将"gegen"(反对)这个词区分为"理想主义的"和"狄奥尼索斯的"。前者是指为尼采所抨击的柏拉图主义的与基督教的思维形式,在两种价值思维的框架下来理解对立;后者则相反,是在"狄奥尼索斯思维框架下的统一的多样性":"正是在狄奥尼索斯所经验的对立中'显现出'世界是无所不包的、相互联系的多样性中的统一体,统一体中的多样性。"将这些对立无限肯定为统一体的能力,证明了"狄奥尼索斯思维"对于"理想"的斗争。与这种思维进行斗争是根本不值得的,因为从"理想"的视野处出发,"它会毁灭于自身,它会自我消灭"。这一解读能够在狄奥尼索斯"肯定一切"和EH的结论之间建立一个紧密的联系:在对理想的思维模式进行最后的斗争中,这种思维模式若在基督教中找到了它历史上最有效的也是最后的传播,那么,狄奥尼索斯原则就会为狄奥尼索斯的方式所取代。思维方式无可避免地采取好斗的对立形式,从这一点来看,在Schank最后对"狄奥尼索斯反对被钉十字架者"进行的解读中要予以让步:"因而结束套语'反对'一定要作为狄奥尼索斯的'反对'来理解:理解为竞争,理解为狄奥尼索斯和'理想'之间的争斗。在悲惨的时代,狄奥尼索斯的势力每每表明是所向披靡的,这是因为它们本身强大,它们体现了生命。而'理想'则毁于与自己生命的隔膜。"Kleffmann对这个问题说了这样一个论点:"被钉十字架者不应仅被理解为狄奥尼索斯纯粹的对立〔……〕,而且,在这种对立之初就要确定统一的时刻。"Stegmaier(2004,7)曾指出,尼采对他的思维方式有过反思,是在"反对—概念"范围内的反思。1888年10月,在其遗留下的片言只语中,尼采解释说,他需要"这些强大的反对—概念,需要这些反对—概念的光度,以便将轻浮和谎言照进深渊,迄今为止,这深渊还被称为道德"(1888年10月,KSA 13,23,603),并且补充说:"在一般情况下,EH的结束语〔……〕是被当作最后的、最为极端的'反基督者'尼采反对基督教的斗争宣言来阅读的。兴许是一个概念通过另一个概念而得以清晰。"(Stegmaier 2004,20)尼采自己在其1888年春天的札记里发表了最简单而有争议的"反对"宣言,该宣言为先行的套语"狄奥尼索斯反对被钉十字架者"提供了一个变体,即"佛陀反对(转下页)

是总结浪漫主义适应能力的变体呢，这依据不同的视角而不同。其中"狄奥尼索斯"为狂喜而存在：这里有放纵的、解脱的狂喜，有又惊又喜的狂喜，有既温柔又残忍的狂喜。尼采在其早期有关悲剧的著作里曾描写过这样的狂喜。或是为了强者的优越性，或是为了出于软弱或陷于软弱的强者。前一种情况下，反基督者的耶稣和被钉十字架者站在同一边；而在第二种情况下，则是站在"狄奥尼索斯"一边。这样的矛盾现象很可能是尼采后期写作方式的一个根本特点：大胆革新而又富有刺激性。他后结构主义的文字特别凸显了这一基本特点。[1]

（接上页）被钉十字架者"，并解释说："在虚无主义运动内部，人们总是还能够将基督教与佛教的运动严格分离开来。"（KSA 13, 14, 267）

[1] 在我看来，Jörg Salaquarda 在面对自己所说的区分时，对多次被引用的文章《狄奥尼索斯反对被钉十字架者》关注得还太少。副标题就包含着这样的论点："被钉十字架者"和"耶稣"在尼采那里都不是同一个人。Salaquarda 1996 年质疑《反基督者》的耶稣和"被钉十字架者"之间的传承性："如果说尼采说出'被钉十字架者'、'上帝在十字架上'或者'基督在十字架上'，那就说明他看到的不是历史的耶稣。我们不可以将象征与他的'救赎者的心理学'建立起真实的联系。""象征将早期基督教的基本趋向加以总结，当基督教的真正建立者尼采着手批评保罗时。"最终由 EH 引入的，对于价值重估的鲜明趋向也可能是最令人印象深刻的套话，对此不可与有关耶稣的《反基督者》的段落混为一谈。对照 Salaquarda 引用的卡尔·雅斯贝尔斯于 1952 年引证的诠释与 Paul Wolff 于 1962 年所引证的诠释，这种决绝看来还是有其道理的。不过 Salaquarda 还是低估了事态的复杂性：在《反基督者》中的救赎者心理学会赋予十字架之死一种决定性的意义，即使在这里，耶稣也是以被钉十字架者的形象出现。他首先不理会由诸如"福音""十字架"等概念算计出来的双重意义，主要关注究竟是来自教会 – 保罗基督教，还是来自耶稣的实际生活。

第八章 价值重估

早在1888年春,尼采在其常被引用的最后的遗稿中第一次提出了"狄奥尼索斯反对被钉十字架者",并且补充道:"这样,你们有了对立。"——这里的"被钉十字架者"是作为对教会误读的引用来思考的,而他自述的、被钉十字架的耶稣则站在狄奥尼索斯一边。因为在尼采的札记里,尼采提出与保罗观点相对立的"狄奥尼索斯"的观点,这与后来对耶稣之死的解读相符合:

> 狄奥尼索斯反对"被钉十字架者":你们有了对立面。这不是殉道方面的差异,这只是殉道的另外一种含义。生命自身,它永恒的孕育和轮回,制约着苦难、破坏和毁灭意志……在另外的场合,受苦受难,无辜者的被钉十字架则是对这种生命的异议,则是判决的程序。

> 大家认为,重要的是苦难的意义问题:是基督教的意义还是悲剧性的意义呢?……若是前者,则是通向极乐存在的路径,若是第二种情况,存在则有充分的极乐来为受难的大怪物辩护……[1]

---

[1] KSA 13, 14, 266.

第一种情况适用于保罗对耶稣的阐释,第二种情况则提供了这样的范畴:稍后要在其中讲述耶稣之死;只是不再关乎为"受难的大怪物"进行辩护,而只关乎一开始就有的"极乐存在"的体验,这存在不需要辩护,因为没有诘难反驳。尼采在他1888年春天的札记里写道:

> 悲剧的人对于难以忍受的苦难仍加以肯定:他是强壮的、丰腴的,对此还有足够的神圣感。
>
> 基督徒对尘世间最幸福的命运还要加以否定:他是虚弱的、贫困的、被剥夺的,以致对生命的任何形式都感到厌倦……
>
> "十字架上的上帝"是对生命的诅咒,是一种示意,指点人们从他那里救赎自身。
>
> 被切成碎片的狄奥尼索斯是生命的希望:生命将是永生,从毁灭中再生。[1]

---

[1] KSA 13, 14, 266 f.

第八章 价值重估

其极乐的拯救者的新类型和闻所未闻者在这一札记完成后的几个月会指出,反基督者不能忍受任何形式的生命,甚至不能忍受最耻辱的死亡:他仍是把苦难神圣化,而不必肯定苦难一丁点儿,也不必做"悲剧的人"。在春天的札记里,被切成碎片的、重又回归的狄奥尼索斯体现着一种"生命",而反基督者的耶稣则要宣布和实施一种处于永远的生成与毁灭之中的"生命"[1];它是全部的神化关联,在这种关联中,"子与父"乃为一体,实际上超越了善恶和"十字架上的上帝"。

充满的、停滞的当下一刻如何从狄奥尼索斯神话周而复始的时间规划中变得一以贯之,具有决定性意义的变化表明了这一点。这种变化是通过对"愿景"一词的重新吸纳来自我实施的。如果说狄奥尼索斯一定是以扎格列欧斯(Zagreus)作为"进入生活的愿景"的裂缝,面临着回归,那么对于耶稣在十字架上所完成的实践来说,这种未来的愿景也变得多余了。反基督者是这样说的:

什么叫"快乐的福音"?发现了真正的生命,永恒

---

[1] 关于尼采的狄奥尼索斯概念中破坏、灾难和对灾难的克服之间的紧密联系,以及由此产生的"没有主体的"形象,即"在创造性和破坏性的自我肯定中,生活整体性中的上帝的方式",参阅 Kleffmann 2003, 317-331,这里是 320 f.;关于可能的神学解释,见上书,582-587。

的生命——这不是愿景,它就在那里,就在你们身上:生命在爱之中〔……〕。[1]

至此,本书还有三分之一的篇幅,相互的论争仍然是主要的看点。怨愤已从耶稣身上全然抹去,它已被转移至他的门徒,特别是保罗身上。他们将耶稣身上体现的福音颠覆到反面,他们反对那种以"不打折扣的、没有排他性的爱的实践"建立弱势团体的独一无二的自私自利,并以此重建以宗教作为招牌的虚无主义:"唯一的上帝和上帝唯一的儿子:两者都是怨愤的产物。"两者都"归于彼岸,归于虚无"。[2] 被强调的生命只有在再造的耶稣这一边才能找到;而对生活持否定态度的两个世界的学说只有在基督教和教会一方才能找到。此刻,原始教区将十字架上之死解读为"罪责牺牲,并且是以最令人厌恶的、最野蛮的形式"致死的。这是"无辜者为有罪者的原罪而做出的牺牲":在这一刻,"一举结束了福音"。而今伪装的"奴役"又开始重新回归教士宗教,对于这种宗教在关于耶稣的那几节

---

[1] AC 29, KSA 6, 200.
[2] AC 40, KSA 6, 214; AC 43, KSA 6, 217. 参阅遗存札记:"基督徒的整个生活终于成了为脱离救世主而进行布道的生活……/ 教会属于反基督者的胜利,正如现代国家,现代民族主义……/ 教会是基督教的野蛮化。"(KSA 13, 11, 161)

第八章 价值重估

之前已经进行了讨论。

现在这个讽刺故事的大坏蛋和保罗一道,算是上场了。他就是那个将"衰落进程"引领至不祥终端的人,他在原始教区"救世主死亡的同时",也开启了这个"衰落的过程"。他在这里不仅是作为反基督者的伟大对手,而且也作为耶稣的伟大对手,作为隐喻性的刽子手就要一展身手了:"在保罗身上体现出来的是'快乐的信使'的对立面〔……〕保罗把救赎者钉死在自己的十字架上。"[1]首先在语言方面又进行了价值重估,为诸如"上帝之国""爱心""生命""他们将阻碍自己的一切送入地狱"等神学概念和隐喻赋予了新的内涵,重归由愤懑支配的两个世界的学说,他正是从这两个世界的学说中夺回了这些概念。[2]早在1888年春,尼采就曾写下这样的文字:"耶稣的愿望是,大家都信奉他,他要将所有违背他的人打入地狱。"[3]自此之后,出于愤懑而复仇的欲念不可再归咎于耶稣,而是应当问责于他的那些篡改者,这该是多么大的转变啊!而今这些早期的基督徒,"他们都是些伪君子和冒牌的圣人",面对他们的反基督者有这样的说法:"他们将阻碍自己的一切全都送入

---

[1] AC 24, KSA 6, 215 f.
[2] AC 44, KSA 6, 220.
[3] 1884年春天, 25[156], KSA 11, 54。

地狱。"[1]

对于反基督者来说,《新约》就是对救世主与其福音的歪曲,只是反基督者的耶稣不再被理解为教会《圣经》中的角色。在第 31 节就已讲到,在他看来,"救赎者的类型是在极为扭曲的情况下得以保存下来的"。[2]在对"真实"的耶稣进行重构后的教会史的修正版里,他将其并不令人特别惊奇的怀疑推向了极端:"我在《新约》中寻找令人感到亲切的特征,结果一无所获;那里没有任何自由、善良、坦诚和正义的东西。"[3]不过他还是赞颂了耶稣的"正直",不然还有自由与善良?不管怎么说,他反正是这样做了,并且越来越坚定。然而,这只是与这样的耶稣有关:他是唯有通过《新约》才能在彼岸找到的,对他来说——被保存在《福音书》里的耶稣。[4]

反基督者进行这样的区分的意义,直至现在才完全显现

---

[1] AC 44, KSA 6, 219.
[2] AC 31, KSA 6, 202.
[3] AC 46, KSA 6, 223.
[4] AC 29, KSA 6, 199;在那里也有这样的说明:"我得承认,我很少读像《福音书》那样难度的书。"而今,在 AC 44 中重又将《福音书》引入进来:《福音书》对于最初的教区内部难以遏制的腐败是不可多得的证据,前者是随着救赎者的死亡而崛起的"。因而,"这些《福音书》一定要小心审慎地阅读;每句话背后都有其难点"。(AC 44, KSA 6, 218)粗体字将《救赎者》写作实践之前和之外的文字与自我的营造教会内部沟通之间的界限标示了出来。在 AC 46 中,反基督者补充说,"人们阅读《新约》时不无对被虐感到偏好"。(KSA 6, 224)

第八章 价值重估

出来:反基督者笔下柔性的狄奥尼索斯式的耶稣,显然不再是《新约》中的角色。正如反基督者以"《福音书》的正当性"有效地抵制了《福音书》,耶稣也是这样来对《圣经》进行抵制的。反基督者认为,耶稣在《新约》中没有出现;《新约》中出现的耶稣是与他没有瓜葛的耶稣。所以他说:"在《新约》中只有一位值得尊敬的人物,那就是彼拉多","彼拉多看到'真理'一词被无耻地滥用";他反对这种宗教的"犹太交易",他反问,何为真理。[1]

因而,在这一《新约》里,反基督者也找不到那个"超越善与恶的上帝"。在其札记中,他也曾问起这个他在实践和比喻的话语中发现的上帝,这个上帝和《新约》中的神学形成了鲜明的对比:

> 使我们与众不同之处,既不能在历史中找到,也不可在自然中发现,也无法在自然背后相逢——而是我们将对上帝顶礼膜拜之物并不视若"至神至圣",而是看作可怜的、荒诞的、有害的东西;这不仅仅是一种误区,而且也是对生命的犯罪……[2]

---

[1] AC 46, KSA 6, 225;参阅 AC 8, KSA 6, 175。中肯的评价有意识地将勒南的表述颠倒了过来(勒南 1863, 404)。
[2] AC 47, KSA 6, 225.

这是与"生命"强调最准确的对照,而"生命"强调乃是耶稣宣告的上帝旨意和早期教会的神学。在基督教中,反基督者在第 18 节就已经抱怨:"上帝退化为了生命的对立面,并没有神化生命和肯定生命的永恒。"[1]在《新约》中,他并没有发现"上帝"一词的意义,而是一味抵制这一词语。

这是一种根本性的对立,在其著作的下面几节里还将不断以不同形式展现;他以"救赎者的心理学"来与"教士的心理学"相对立[2],并以万事万物整体的神化情感(至乐)来与基督教的要求"人应该至乐至福,因为人有信仰"相对立。[3]他表明,他是怎样以令人至福至乐的"自我肯定"来取代"自我摧毁的道德"。[4]

如果说最初反基督教《教义问答》的精义最终还是被接受了下来,那么,还需要两个小小的精确的补充。它们将表明,这种在耶稣和基督教之间持续的分歧在反基督者的重估工作中到底留下了什么样的痕迹。"什么是坏的?"他在第 2 节立即

---

[1] AC 18, KSA 6, 185;我的强调。在第 55 节,在对耶稣之后的教会和基督教的清算中,这一特点后来作为"异教"的称呼被重复使用。套用反基督者的话来说,拿撒勒人所重视的是:"我们都是异教徒,都对生活说是,对一切事物说是〔……〕。"(AC 55, KSA 6, 239)

[2] AC 49, KSA 6, 228.

[3] AC 50, KSA 6, 229.

[4] AC 54, KSA 6, 236.

第八章 价值重估

这样问道,继而又回答:"一切源自软弱的东西。"[1]而今,在他修复了一种强大的表现形式之后,他不得不以精准的表达来重复之前的答案。所谓的强大来自业已克服的软弱,甚至还包括被妖魔化的"同情"。精确的表达只是针对愤懑的基督教道德而来的。"什么是坏的?"他又问道,并回答:"我已经说过,所有来自软弱,来自嫉妒,来自复仇欲念之物。"[2]事情并非如此,起初他并没有这样说。不过由于后来的保留,这个反基督的耶稣——这个邪恶的、突然变为柱石的人,最终还是退出了游戏,退出了弹道。在反对基督教的"殊死战争"中,他不再是一个敌手,而是一个战友。(谁要是站在他的一边战斗,也许会考虑一下要不要换一换武器。)

在《反基督教法》——《反基督者》的篇末中要为此开辟新纪元——他签上了"反基督者"的名字;作者完全献身于救世主的角色。[3]"我要跟你们说",这话里回响着世界末日的余音,它要超越迄今为止的一切。在此话语中,应是耶稣对所有臣民发出的新的教导。可人们往往对以下情况充耳不闻:这里开始的价值重估有两个方面。价值重估不仅针对基督教,而且也针对查拉图斯特拉以来的反基督教的晚期哲学。

---

[1] AC 2, KSA 6, 170.
[2] AC 57, KSA 6, 244.
[3] 关于文本批评,参阅 Colli/Montinari 以及 Sommer 2000。

两者交替变化着进行。反基督者在其对被钉十字架的救赎者的反叙事中的价值重估所能达到的,要远远多于尼采的接受者所能想象的。

尼采多年贬斥耶稣,这是他对基督教仇视的体现,甚至也是"最恶之人"的体现,而今这一切分崩离析,归于无声无息。这是一种令人颇为惊诧(且令人惊诧得无法思辨)的景象,正如在反基督者与耶稣较量的过程中,"超人"的宣告发生了动摇一样,"恺撒·博基亚成了教皇……这可说是我唯一渴望取得的胜利。而今我所求的就是这一点",在其著作的倒数第二段,反基督者曾这样宣布。[1] 1888年10月20日,在他写完《反基督者》三个月之后,正在进行《瞧,这个人》[2]的写作之时,尼采在给玛尔维达·冯·梅森布格的信中这样写道,像是叙旧,又像是作别:"唯一不使我觉得恶心的那类人,正是以前的理想偶像的对立面,与恺撒·博基亚的相似一百倍地胜过与基督徒的相似。"关于这一类型的人,他再次说起"我的'超人'的概念"。[3]

在他写这句话的时候,"救世主类型"已陷入了与他竞争

---

[1] AC 61, KSA 6, 251.
[2] 尼采在1888年10月30日给Peter Gast(Heinrich Köselitz)的信中,在EH的开头将其生日10月15日写了上去(KSB 8, Nr. 1137, 462)。
[3] Nr. 1135, 20. 1888年10月20日, KSB 8, 458。

第八章 价值重估

的境地。拿撒勒人在最终献给他的几个章节里已经令人无法理解，这是因为他不再有意把"家畜、群畜、病畜视为人类，视为基督徒"，而是将耶稣视为完全意想不到的变种的最早例证。这种变种对于反基督者来说，一开始就是"高级的类型"，"与整个人类相比，这可是一种超人"。[1]

这种意想不到的刺激的结果将是，作为"恺撒·博基亚类型"的"超人"在以下的行文中，也像他所体现的权力意志那样悄然退场，甚至"永恒回归"的伟大思想也黯然失色。[2]而今宣称并被实践的说"是"不再出自超人那种桀骜不驯、英勇悲壮的架势；超人只知道以冷嘲热讽作为武器来对抗威胁者，并开展反对自身的斗争；不再是悲壮的、唯我独尊的"英雄"行为，而是自然而然地协调性地说"是"。这是出于对一个奇妙的神化的世界里所感受到的幸福状态的强势的肯定。这是任

---

[1] AC 4, KSA 6, 171.
[2] 晚年的尼采经常宣称他所谓"主要学说""不会起多大作用"（不会长久发生影响），或者说只有边缘作用（比如"超人"说），Sommer 这样说是有其道理的，NL, 16。尼采在这里还是再一次回忆起"查拉图斯特拉的教导"，说它具有永恒的魅力；也就是说，所有事物都是无条件的、周而复始的循环（EH 悲剧的诞生 3, KSA 6, 312），并且以对"永远回归—想法"的回忆开启了《瞧，这个人》中查拉图斯特拉的篇章。不过，如果他说起"神圣的章节"，那么查拉图斯特拉—思想的第一道闪电曾经照亮我的地方（KSA 6, 335 和 341）是那苏尔莱-岩石（Surlei-Felsen），或者是庆祝狄奥尼索斯主显节的地方，就像《狄奥尼索斯颂歌》中的闪电。

何痛苦、任何失败、任何权力抑或任何虚弱都撼动不了的幸福状态的强势。因此可以说,不再有什么理由对尼采札记中一些个别的说法感到失望,尼采有时对于具有英雄气概的超人的生存能力感到信心不足。请看他在1882/1883年冬天的札记里发出的叹息:

> 我不愿再有一次生命,生命会使我有多大的承受啊!?创造着。我要忍受何等的情景啊?我将目光转向超人,超人肯定生命。我曾经试着自己来肯定生命——唉![1]

反基督者的耶稣被描述得清晰鲜明,他深沉地思考;他在多大程度上具备狄奥尼索斯的特征,他的狄奥尼索斯形象就多大程度地具有耶稣的特征。这里所谓的耶稣是这样的耶稣:反基督者在与其新的主角经过异常激烈的、激动人心的说明性的辩论之后所塑造的耶稣。所以说,在尼采后期的文本里充满越来越多矛盾的词语和符号,狄奥尼索斯这一异教神祇名号也是其中之一,来自尼采早已自创的神话学。"锤子的坚硬,以十分重要的方式以毁灭为乐,这对于狄奥尼索斯的使命来说是先决条

---

[1] KSA 10, 4, 137.

第八章 价值重估

件之一。"[1]这是为了什么?为了他"那赐福的说'是'"。[2]

在1884年的一则札记里,尼采曾引用耶稣的一句话,说是上帝要下雨,不管"是对还是错"。耶稣要求,"也要爱敌人,因为上帝是这样做的"。对这样的要求,尼采回答道:"他根本没有这样做。"[3]而今,因为他在这个耶稣,这个"白痴"的言行中,把"和顺、温良与非敌对状态中的极乐"看作"真正的生命"的结果和表达,这种新的道德观符合新的世界感受。所谓的对敌之爱就是这样理解的,查拉图斯特拉被认为具有这种超人的气度。

在《狄奥尼索斯颂歌》中可以看到这种诗意的价值重估过程。历史的次序形成了诗的进程,这是将获得重新理解的狄奥尼索斯神话置于快进镜头中来说的。正因为如此,我才将尼采的自我描述《瞧,这个人》先放一放,首先转向这一章节。

---

[1] EH 查拉图斯特拉如是说 8,KSA 6, 349。
[2] 同上书,345。
[3] KSA 11, 26[7], 152.

第九章　神化的狄奥尼索斯

直至1888年12月，尼采才将《查拉图斯特拉之歌》的标题改成现在这个样子（参看 Abb. 5, S. 59），亦即将其狂热喜爱的合唱曲推到中心，将其标示为这一组诗的结束。它是和《悲剧著作》一起开启的。[1] 尼采最后的诗歌于1889年1月1日至3日之间杀青。由《查拉图斯特拉》重又收入的诗人—白痴的开场诗，再一次呼喊出不指名的狄奥尼索斯残酷的一面，这诗就像箴言一般：

　　在人中将上帝撕裂

---

[1] 这种样式与悲剧自身并肩平等地站在一起："抒情诗在其高度发展中被称为悲剧和戏剧颂歌。"（GT 5, KSA 1, 44）关于标题的改动，参阅 KSA 14, 513。尼采首先在标记1888年12月8日的长条校样里对标题进行改正，他将标题"查拉图斯特拉的灾难"改为"查拉图斯特拉之歌"；随后又用另一种颜色的墨水改成"狄奥尼索斯颂歌"。9首诗歌中的3首收入了出版于1885年的《查拉图斯特拉》的部分，标题是改正过的标题："掘宝者"的第一歌和第二歌作为《阿里阿德涅的哀叹》《是白痴！是诗人！》来出版，《漫游者和影子的歌》改为《在大漠下的女儿们呀》。

第九章 神化的狄奥尼索斯

> 就像在人中将羔羊撕裂
>
> 并发出撕裂的笑声[1]

同样重新收入《查拉图斯特拉》的第二首诗,描述的是独自一人在不断扩大的沙漠中感受到的极端的、听任摆布的感觉;"可怕的死亡在嚼啃〔……〕"(《在大漠下的女儿们呀》)。第三首诗是《最后的意志》,写的是一个跳舞的武士,边跳边杀,所向披靡,最后自己阵亡。这一组文本就以这首诗结束了,它们可以看作诸个三位一体组诗中的第一个组诗。

狄奥尼索斯的苦难渐次显露出来:孤独、干渴、疲惫。《在猛禽之间》里,"查拉图斯特拉"——跟跟跄跄,独自一人,自说自话,一会儿以我来说话,一会儿以你来说话,一会儿则以他来说话——他又以上帝以前的迫害者来说话。而今,他成了他自身的牺牲品,他追忆"狂人"这一遥远的往事:

> 最为年轻的猎手,还是上帝的猎手,

---

[1] DD 是白痴!是诗人!KSA 6, 379。Gerhard Kaiser 对这一开场诗进行过全面的分析,并且描述了狄奥尼索斯哲学、修辞学上的角色、形象化与该诗的叙事结构之间的关系(Kaiser 1996, 199-217;紧接着下面两章是"世界是美学现象", 218-234, 和"语言,话语", 235-249, 它们追寻《狄奥尼索斯颂歌》与早期现代派德国抒情诗的联系)。

所有品德的捕网，

恶人的箭镞！

而今——

你自己的猎物，

由你自己追捕，

钻进你自身〔……〕

厌倦于每个伤口，

每次霜冻令人寒冷，

被自己的绳索勒住，

自知之明者！

自己的刽子手！[1]

在"牺牲者石上"，寂寞者在第五首诗中燃起"火焰的符号"，牺牲石证明自己是岩石：

他已经认识到六重寂寞——，

但大海自身并没有使他觉得厌倦透顶，

海岛要他登临，在山上他变成了火，

在第七重寂寞之后

---

[1] DD 在猛禽之间，KSA 6，390。

第九章 神化的狄奥尼索斯

他现在试着将天使扔过头顶。[1]

以这首三段诗《夕阳西下》来结束这第二个三组诗之后，才算是真正达到了"第七重寂寞"。这一刻标志着一个结束点和转折点的到来。因为继而描述的是一个从千般痛苦和备受折磨到一种没有任何愿望与希望的、轻柔的幸福快乐境地的过渡。这样一种福乐心态在最后的三首诗里再一次被激情四射地加以强调和总结。查拉图斯特拉之前的《魔术师之歌》而今成了《阿里阿德涅的哀叹》，尼采在一个剧场意义上的结束语中补充了以肉身的狄奥尼索斯闪电般飞快地过去的主显节——这在其晚期著作中，无论是从叙述的角度还是从显圣的角度来说，都是绝无仅有的场面，并使得被俘的、一心想逃脱的阿里阿德涅显现出"光彩夺目的宝石般的美丽"。[2]

在《瞧，这个人》结尾的《荣耀和永恒》中，《我的迷人的智慧》一诗说的是"存在的永恒的是"：对"永恒"的展望，而今被改写了——要是没有读过《查拉图斯特拉》的话——就再也无法从中读出其永恒轮回的思想了。结尾是对自我牺牲

---

[1] DD 火光信号，KSA 6, 393。
[2] 对于这两个人传记的情况以及最后的信件，参阅 Salaquarda 1996b, Borchmeyer 2008, 以及 Ronell 2009。

的警告，可以想象为狄奥尼索斯对查拉图斯特拉发出的警告："放聪明些吧，你这个富翁！／赠予你自己，啊，查拉图斯特拉！"这里，在结尾的诗《最富有者的贫穷》中，中心主题和《夕阳西下》中所描绘的景象再次演绎了一遍，以为结尾。

《夕阳西下》是《狄奥尼索斯颂歌》中的第六首诗，从某些方面来看是组诗的关键，可视为尼采关于狄奥尼索斯的最后遗言。我们不禁要问，这里写的是什么呢？《讲述》一诗写的是死亡和神奇、时间和永恒。以对消逝的时间的追忆和对它的扬弃，超越组诗先行的诗歌，指引出《查拉图斯特拉》的另一首诗。1884年出版的这首诗的第三部分《啊，人啊！》[1]，在暗中窃窃私语的诗句里，在不会对《查拉图斯特拉》的读者造成任何误解的诗句里，都是围绕着永恒轮回学说来写的。它被浊重的钟声打断，从一点直到夜半十二点，可说是一种折磨；生存的折磨不比"尘世""真苦啊"来得少；乐趣的深度超越了所有的"心酸"；最后说的是"深而又深的永恒"，乐趣就是朝着永恒来的。诗句绝非对无休止的乐趣的改写（这种乐趣从平平常常的接受中来），而是关于狄奥尼索斯悲剧性的超人的"是"的学说，对于狄奥尼索斯来说，痛苦自身会变成乐趣。在毫无出路的永恒中他将赞美永恒。

---

[1] Za 另外的舞曲 3，KSA 4，285。

第九章　神化的狄奥尼索斯

为了与狄奥尼索斯颂歌《夕阳西下》相比，从而找出它们之间的差异，就一定要读这些诗句。如果说，这里讲的是时间和永恒，那么这里发生的乃是白昼的景象，自我所经历的景象：从炎热的中午——诗歌从回忆中午开始；经过下午，下午已是凉风习习；一直到晚上，晚上正是说话的时刻。就像在《啊，人啊！》一诗里，每小时都会响起钟声，而白天的时刻在这里一一展现。在巴洛克传统中，白天的时刻与人生的时刻是相提并论的；结果并非干巴巴的比喻，这一点要归功于精细纤弱的感觉。我这"生命时日"的每一个阶段，总会与某一特定状态和行动联系在一起：或奔跑或休息，或磨难或被安抚，或酷热或寒冷。到头来一叶扁舟陪同驾出，首先要将它读作入夜和死亡的情景。这种令人身亡的神化使得从时间中滑出的景象更有可读性，这是从时间向着永恒的过渡。

《夕阳西下》是尼采最后的诗作之一。[1]在他那参差不齐的抒情诗集里，这是感人至深的诗篇之一。正是它那沉静的美成了转变的征兆：以抑扬—长短格暗中协调自由的、几乎全是二扬音节抑或四扬音节的诗句，第二部分和第三部分听起来像是从远处（也许是有意，也许是无意地）传来的歌德的《水上精灵之歌》的节律。人说这诗句有着"金色的欢快"，余音袅

---

[1] 关于文本形成的过程，见 Groddeck 2, 391–427。

袅的诗韵证实了这一点。

这是"狄奥尼索斯最生动、最急切的最后变形",所以现将共有三部分的《颂歌》全部引证如下:

1.
你不会长久地干渴,
焦灼的心啊!
愿景虚无缥缈,
陌生人的嘴巴向我吹送
——大的冷漠就要来临……

我的太阳中午灼热地照射着我:
向我问候啊,你来了。
你们突如其来的风啊
这是午后清凉的精灵!

空气陌生而又清纯地游荡。
夜没有斜着眼
向我飘来
诱惑的目光?……
坚强些,我勇敢的心!

第九章　神化的狄奥尼索斯

请你不要问，为什么？——

2.
我生命之日！
夕阳西下。
波澜不兴的潮水
镀了一层金黄色。
岩石喘息散发出
温暖的气息：
睡到中午为午觉而幸福？
在绿色的灯火里
幸福还从褐色谷底升腾。

我生命的日子！
只是近黄昏！
你的眼睛已经发红
半睁着，
泪水止不住涌流，
流过那白色的海洋
流过你爱情的紫袍，
你最后的迟疑不决的极乐……

3.
欢快,金色的欢快,你来吧!
死亡的你
你偷偷地甜蜜地先来享受!
难道说我跑路跑得太快?
而今,我的腿脚已然疲惫,
你的目光还真的追上了我,
你的幸运追上了我。

周遭只是浪花和嬉戏。
令人沉重的,
会沉没于蓝色遗忘的海洋,
我的小船自横在那里。
风暴和启航——他没有学好!
愿望和希望溺毙,
灵魂和大海平躺在那里。

第七重寂寞!
从来我没有感觉到
接近过甜蜜的安全,
太阳的目光更加温暖。

第九章 神化的狄奥尼索斯

> 难道还要融化我巅峰上的冰?
> ——一条鱼,银色的,悄悄地
> 游过我的小船……

这首诗在韵律和修辞方面与之前那首名为《啊,人啊!》的诗的激情完全相反,不仅如此,也和作为语言实验的引导诗《颂歌》完全不同。迄今为止完全符合逻辑的语法上的安排在信誓旦旦的异议的强力下的出发,在这里像是被收回了,格哈尔德·凯泽(Gerhard Kaiser)在其开场诗中曾提到这一点。[1] 即使在这个由海与山构成的、完全无声的、在这里被激发的世界里,显然也曾有过痛苦和折磨,有过"一颗焦灼的心"的干渴,有过极端的寂寞,有过对夜的恐惧,还有对说话者目光的恐惧。他警示他的心一定要坚强:在面对死亡恐惧时。然而所有这些苦难不得不重新解释、重新评价为肯定英雄行为中的乐趣。它们已经经过去了,就像中午的幸福、黄昏的太阳发散的温暖——不同于干渴和恐惧,然而重又以变得没有愿景的"黄金般的欢快"的样子回归;这种"黄金般的欢快"被称为对即将到来的死亡之夜"最为甜蜜的预先享受",人们会感激地、温柔地说起甜蜜的预先享受:"如此这般,你的幸福还能赶上

---

[1] Kaiser 1996, 203.

我。"以往令人不寒而栗的死亡轻柔而欢快地来了——或者说,这些诗句的自我最终被轻巧地扛进了死亡。因为,即使小船在没有任何帮助的情况下也会摇动起来。在这首诗的叙说中没有任何行动,只有发生。[1]在这里既没有否定,也没有肯定,不需要这些。对于说话者的自我来说,"肯定"变成了唯一可能的实践;所肯定的一切,乃是神秘瞬间恒久的一刻。

在一个神化的世界里,一种轻柔的、令人感激的、欢快的死的幻象炫耀着,就像是在尼采最后文字的不祥的雷雨间划过的一道闪电。诗里充溢着哲学的反思,诗意的画面和音乐的节律,它们和谐地调配在一起,反基督者在再造耶稣的实践中曾描述这一切,并在重新解读十字架之死时又将其推向高潮。那韵律胜过所有的颂歌激情,悲伤颂歌的"狄奥尼索斯"[2]韵律同样也只是成了记忆。毫不费力地,就像是自动地,在诗的语言游戏中,包括了所有相对应的事物,它们成为统一体:海和山、日和夜、恐惧和欢快、生和死。以往曾是悲剧性的,而今消融于纯洁的神化的荣光之中,"嗜杀的乐趣"不见了踪影,

---

[1] 这样一来,似乎上古神话时代可以重新到来;人们记起戏剧《瓦格纳事件》中对祭拜的起始所做的思考:"最古老的戏剧",尼采用一个脚注来加以说明,代表"神圣的历史",祭拜的确立就是立足于神圣的历史。所以说,这并非做出来的,而是发生的(FW 9, 32)。
[2] Zimmermann《文化史与文学史现状总结》(2000), 18-23。

第九章 神化的狄奥尼索斯

诗句的自我死了,正如他生过、教导过一样。

要对真正的神话重新进行编码,这是再清楚不过的,如果将尼采在《查拉图斯特拉》中对"超人"的描写与《瞧,这个人》中的查拉图斯特拉形象加以比较的话。超人的宣布者死后极尽哀荣:

> 请看查拉图斯特拉从山上走下来了,他对每个人都说出最为慈爱亲切的话语!他甚至用温柔的双手握着他的对头——教士的手,他和教士一道为着牧师的苦恼而备受折磨![1]

"他请求,"反基督者对被钉十字架者这样写道,"他受苦受难,他和他们一起爱,在他们中间爱,而他们恶意待他……"[2] 现在他回首往事,回忆查拉图斯特拉,他对那个叫"超人"的人的伟大加以论证,在这种同患难中还和敌人在一起。尼采继续写道:

> 在这里,在每一刻,人都处于被战胜的状态,"超

---

[1] EH 查拉图斯特拉如是说 6,KSA 6,344。
[2] AC 35,KSA 6,207.

人"的概念在这里成了最高的现实〔……〕[1]

这个"这里"是查拉图斯特拉的那个这里，是狄奥尼索斯变了形的耶稣的那个这里。从这里出发往后看，查拉图斯特拉也会显现出新的光彩。同理，即使是狄奥尼索斯恶的和破坏性的方面与必要的却有待克服的、"甜蜜"的[2]和善的前提相比也不那么绝对了———一如其"绿宝石般的美丽"，"圣洁的温情"[3]，诗意的受难也为其神话特征所凸显。"凡是在尼采对'狄奥尼索斯概念描述较为详尽的地方'"，施特格迈尔曾以神学的视角这样评论，"他就会将上帝最重要的决定接纳下来"。[4]

对于文本的结构来说，这样的语言习惯就会产生叙事的效果。谁要是在这样的条件下对有关狄奥尼索斯—扎格列欧斯的隐秘的神话进行重新编写，那么，他在没有有关被钉十字架者的《圣经》故事的支撑下是无法完成的。相反，要是将在各各他发生的事情重新搬上舞台，并为十字架和被钉十字架者赋予

---

[1] EH 查拉图斯特拉如是说 6, 344；我所要强调的。
[2] "说是"乃是将来甜蜜生活的保证，尼采曾经这样说；FW 4, 276, KSA 3, 521。
[3] EH 查拉图斯特拉如是说 7, 8, KSA 6, 345, 348。
[4] Stegmaier 2004, 21. 这种重要的观察，即尼采多年来一直追求对"上帝"一词有新的理解，都是认真的，都是根据文本继续思考，这都超越了作为"意识清醒的无神论者"的简单化分门别类。

第九章　神化的狄奥尼索斯

新意,那就一定要带有狄奥尼索斯的特征。这是要将西方传统中的两种宏大叙事融合为一种新的叙事:一种交错配列、相互交叉的,有关狄奥尼索斯上绞架、有关基督被撕裂的新神话。这一事件与被称为遭遇同样的形象,既超越希腊也超越基督教早期所有规模化的想象而被说成是对所有强力的克服是一码事——这是一种强大的胜利,立足于完全的虚弱之中的强大的胜利,是处于被肯定的温良、欢快和爱心之中的强大的胜利。

这一基督和狄奥尼索斯的故事在很多地方都与其浪漫派前辈[和重又着手研究的、最后归结于亚大纳西(Athanasius)与其他作者的推断]相类似。对于这些前辈只需瞥一眼,就足以显出尼采重新叙说神话的胆识和创新。在弗里德利希·克洛伊策(Friedrich Creuzer)对狄奥尼索斯的研究中只需略微暗示便已足够的地方[1],在谢林的《启示的哲学》中则是一种狄奥尼索斯表现形式的对宗教史中的三位一体的修复,最初是在希腊神秘崇拜里——正如所期望的那样——接近三位一体,继而便小心地以暗示的方式对基督加以诠释。[2]尼采早在撰写《悲

---

[1] 他使"火炬手"巴库斯这个别名重又回归。
[2] 这种表现形式,由于引导性纵览乃是原本的、过往的、第二次被克服的扎格列欧斯,是克服它眼下的巴库斯和"本来应该"前来的Jakchos(Schelling 1858, XIX f.)。这三者之间的结合在讲座中显现为"狄奥尼索斯三叠纪",其黑暗的中心构成了狄奥尼索斯的"灾难史"(同上书,482);狄奥尼索斯的诞生昭示一种"更高级的神圣的诞生",生于马槽之中。

剧著作》时就对这样的推理有所了解。[1]在荷尔德林作于 1807 年的《面包和酒》的历史哲学的激发下,这是第一个条理清楚、提纲挈领的表达,也是第一次完整地印刷出来的作品。

那时,尼采辗转病榻、病入膏肓已五年之久。[2]《反基督者》中的荷尔德林作为语言实验的思考实验含蓄地以假名回归,这乃是一种独立自主的思考和写作运动的结果。作为哲学的讲述者,作为伟大神话的改写者,尼采设置了他对荷尔德林问题"在这可怜时代的诗人能派什么用场?"的回答。

尼采晚期著作中特别强调的核心概念"生命",显而易见,在 1888 年发生了重大改变:从狄奥尼索斯的牺牲中脱颖而出的生命处于永恒轮回的状态中,从这样的生命直到在停滞当下的没有时间性的"永恒的生命",后者摆脱了苦难,包容着一切的爱,爱不再需要牺牲了。在其后期的行文中,这一点是以返祖现象出现的,假如这个耶稣的教会基督教(只是现在是反狄奥尼索斯的)被重新解读为忏悔和原罪的牺牲品的话。

这样的深刻变化,却为几个严谨的诠释者忽略了。他们讨

---

[1] GT 9, KSA 1, 67. 尼采与狄奥尼索斯和浪漫派的关系,见 Behler 1983。
[2] 尼采在青年时代就读过荷尔德林的诗文,在 1861 年致一位朋友的信中说道,荷尔德林是他"最喜爱的诗人"。在其早年论及恩陪多克勒(490—430 B. C.)的一部戏剧中,曾将他与狄奥尼索斯作对比(KSA 7, 8, 233-237)。他大概读过哥达版的荷尔德林《诗歌选集》(第三版是斯图加特/图宾根版),《面包和酒》却不在其中。

第九章　神化的狄奥尼索斯

论了这些文本与基督教的关系。卡尔·雅斯贝尔斯紧紧把牢非此即彼的僵硬思路而无法超越，认为固定不变的狄奥尼索斯和同样固定不变的耶稣一直处于尖锐的对立之中，连勒内·吉拉尔（René Girard）也谨守这个分际。在其《基督教辩护书批判》一文中——这是其探讨尼采与基督教的最具眼光的文章之一——他却以1888年春季留下的遗稿匆匆结束了关于"狄奥尼索斯"和"被钉十字架者"之间的对立的讨论，而且是以一副理所当然的架势，仿佛这中间什么也没有发生。所以，最值得记取的异议似乎是，尼采相信，"违抗畜群的本能，在其爆发出狄奥尼索斯式的盛怒之际，不知这是人群中最血腥、最愚蠢的家伙的表达方式"，那么，他就会进行提纲挈领和后果深远的区分；反基督者就是在快乐的信使与其基督教诠释之间进行区分。要是他在分析尼采的札记时顺便说起"耶稣和《福音书》"："在狄奥尼索斯认可私刑处死，并策划这唯一一次私刑时，他就已经为耶稣和《福音书》所拒绝。"[1]吉拉尔以充分的理由反对尼采，而捍卫的乃是保罗的十字架神学、希伯来书的牺牲诠释和《福音书》。反基督者的耶稣意味着反对"狄奥尼索斯狂怒"的开始，这一点吉拉尔并没有感知到。有几篇引证他的文章也是同样的情形。弗拉瑟紧随吉拉尔，非常精练地描

---

[1] Girard 1999, 215–217.

述了耶稣交易与实践中对传统牺牲话语的价值重释。在这样做的时候,他似乎没有注意到,正是这一点与反基督者的耶稣诠释非常相近。弗拉瑟在教义的观念上与吉拉尔展开了论战:

> 耶稣亲自背负世人的罪,并带着这些罪走向十字架,从而洗刷了人类与生俱来的罪恶本性,让上帝与人类之间的关系重返正轨。在吉拉尔看来,这种观点正是耶稣所要驳斥的。耶稣的牺牲只具备一种特殊意义,那就是向人类揭示其自身的暴力,特别是牺牲救赎论所蕴含的暴力。因而耶稣通过牺牲来呼吁人类拒绝整套牺牲机制,敦促人类效仿这位无辜的受难者,并在这模仿欲望的驱动下,来彻底地、全面地拒绝暴力。这种新的模仿论,即为效法基督论。其实这也和《山上宝训》所讲述的道理如出一辙。不要以牙还牙,而要甘愿承受暴力,同时不要以暴制暴。[1]

因为这些都是反基督者以满腔仇恨激烈地驳斥的牺牲品的思想和概念,它们被视为基督教最大的失误。又因为他把这种失误看作"被钉十字架者"的保罗形象,所以弗拉瑟得出这样的结

---

[1] Fraser 2002, 146 f.

第九章 神化的狄奥尼索斯

论:整个简短的总结必然会遭到拒绝。其间他所担心的并非反基督者驳回非耶稣的学说和功业(包括他的十字架上之死),而正是可能的对教会的重新解读,后者会将原本对"福音"的挑战翻转成其解读的反面:"尼采当然会拒绝吉拉尔的救赎论,他会认为这是基督教对受难者的美化,也是弱者自欺欺人的说法。"[1]

这一见解看来至少有些失之过急,因为这一说法将尼采的立场固定为他在《查拉图斯特拉》和《权力意志》中所持的立场。反基督者并不美化牺牲者;他只是对被牺牲者抱有同情。他认为被牺牲者是这样的人:其自我关系超越所有牺牲者与被牺牲者的概念。他认为,被牺牲者在他自己的言行和苦难中实践的尘世解读表明,弱势者是真正的强势者。

---

[1] Fraser 2002, 147.

第十章　19世纪的误解

尼采怎么会知道这一切？到底是什么使他能够预先认识到耶稣在福音中的真面目，而后者历来都是被歪曲、伪造的？为什么他对他的耶稣，那个他虚构的，他显然认为就是真的耶稣的人就那么有把握？因为在这"孩子气"的源头里，尼采重又认识到了他后期事业中所要追求的东西。尼采在观察苦难的颓废，观察作为重新解读世界的语言创造者和存在肯定者的耶稣；他并非以居高临下、冷嘲热讽的优越感，而是以一种休戚与共的意识，抑或一种建构的意志来观察这一切。从19世纪这么遥远的距离与尼采一起被解脱的鬼魅回答了这孩子气的"自由精神"。在耶稣那里是本能的东西，也只有在现在，作为类似重新获得的本能（以这句话）回归了：

> 只有我们，只有我们这些变得自由的头脑才有理解某些事物的前提，理解为19世纪误解的东西——那种本能和激情演变成的正义；这正义使得"神圣的谎言"比

第十章 19世纪的误解

任何其他谎言更会引发战争……[1]

令人讶异的是,这里是在什么样的语境下重又使用了"战争比喻"(开头的几段离得愈来愈远,几乎令人忘却了):这一比喻与那个人有关,对于他的手法,同一个作者在此前曾直接强调"勿抗恶"[2]这一箴言。如果说"勿抗恶"对于他来说是最具福音深意的话语[3],那么他针对"谎言"发动的奇怪的战争也只是意味着某种存在的结果;就如同"本能"的必然效果。

尼采对耶稣的关注,正如在此之前对狄奥尼索斯的注意,也总是取决于早期浪漫派的有识之士——希望在全球旅行之后,在成倍增加的反思下能够发现隐秘的后门,以进入自柏拉图—基督教原罪之后便关闭的孩提时代的天堂。这在反对基督教的斗争中排除了战略上的工具化,也排除了胜利超越的忸怩作态。"伟大的象征主义者"从本能或者说直觉出发对所有价值进行重估——"反基督者"却是以变成了本能的正义感来对所有价值进行重估。[4]尼采的耶稣忠于尘世,因为他根本就不知道,如何才能不忠实——反基督者是要在此回归忠实的,因

---

[1] AC 36, KSA 6, 208;我的强调。
[2] AC 35, KSA 6, 207 f.
[3] AC 29, KSA 6, 200.
[4] AC 36, KSA 6, 208;我的强调。

为他知道这事。[1] 他曾经以叙说的方式满怀感激地、直觉地以相配的风格来再造那种类型,作为其反面角色,他变成了超越它的完成者:"我是一个快乐的信使,我这样的信使前所未有。"[2] 如果预告山丘削平,河谷抬高[3],那一定会产生"做梦也想象不到的移山倒海"的结果[4],"一定会产生意想不到的震撼和天翻地覆"。[5] "一定会爆发地球上还没有爆发过的战争。"[6]

以尼采的自我画像来改造耶稣的形象令人无比惊讶,卡尔·雅斯贝尔斯早就注意到了这一点。[7] 这样的改造由于推翻了勒南的耶稣形象,可说是一种英雄行为。假如某个地方出现了这种英雄行为,就会期望那里出现温良的拿撒勒人,那种缺乏好战的、说"不"的、做"不"的特征的拿撒勒人[8] 和好战

---

[1] 参阅《查拉图斯特拉如是说》前言 3,KSA 4,15。凡是在其暗示基督学的宣告,而非耶稣学的实践的地方,反基督者就会成为立场鲜明的反对派:在他看来,永恒的逻各斯没有变成肉体,而是"人类最高自我意识的行为在我身上变成了肉体和天才"(EH 我为何是命运 1,KSA 6,365;参阅 Joh 1,14)。
[2] 同上书,366。
[3] Lk 3, 4 f., Je 40, 3 f.
[4] EH 我为何是命运 1,KSA 6,366。
[5] Mt 24, 6 f.
[6] EH 我为何是命运 1,KSA 6,366。
[7] 雅斯贝尔斯 1952,71;在此之后还有 Schmidt/Spreckelsen 1999,168。
[8] AC 40, KSA 6, 213.

第十章 19世纪的误解

的哲学家之间的对立。也正是在这里,《瞧,这个人》中的尼采将耶稣的性格特征全都转移至自身。"不过要是有什么不是福音的",那么反基督者就会迎击冷嘲热讽的勒南,"这英雄概念是这样的。正因为与所有的搏斗对立,与斗争中的感觉对立,于是这种对立就变成了本能"(在《反基督者》中)。[1]紧接着就是在他的自我表达《瞧,这个人》里,讲的是"秘密工作和我的本能的艺术性":"在我的生命里是没有什么拼搏气质的,我只是一种英雄本性的对立面。"[2]因为,即使是"在这里重要的信仰",尼采曾这样描述耶稣,"也并非通过斗争挣来的信仰"。[3]在反基督者看来,实践是在"耶稣在十字架上的表现"中才得以完善的:"不抗恶,不恼怒,不是自己犯下罪责……而是不仅不抗恶,——反而要爱他……"[4]尼采在《瞧,这个人》中几乎是逐字逐句地自说自话。这一章的最后一句是"我为何这么聪明":

对于必然性,不仅要忍受,而且不能加以隐瞒——

---

[1] AC 29, KSA 6, 199.
[2] EH 我为何这么聪明 9, KSA 6, 294;雅斯贝尔斯首先指出这相应的语句:雅斯贝尔斯1952, 61。
[3] AC 32, KSA 6, 203. 我的强调。
[4] AC 35, KSA 6, 207.

> 所有的理想主义都是面对苦难的欺骗——而是要展现爱心……[1]

这样的角色扮演消解于修辞策略是颇有难度的。不言而喻，这里所说的耶稣再一次在与保罗基督教的斗争中起着主要证人的作用。然而，他而今完全地、坚决公开地体现了这样一种类型，尼采自我导演为它的反类型。在我看来，对于一个我所知道的、模仿基督的最奇异的方式具有决定意义的乃是基督学研究的悖论：彻底的克服招致失败，上帝的威严被亵渎，这无非是经得起爱的考验的交战，所有这一切想法——用《瞧，这个人》的话来总结乃是，上帝的平等陷入了误区。

只有这种基督学的悖论才符合尼采的自我经验，尼采后期对恐惧及其量级大小的概念表达都是围绕着个人经验进行的。激情高涨的自我感觉和坠入贫困与痛苦的深渊往往联袂而来，以致在"自由的感情风暴"、神祇的颂歌之后乃是这样的自白："后来我在热那亚卧病在床几个礼拜，继之而来的是罗马阴郁的春天，我不得不在那里勉强度日——这确实不易。"[2]（紧接着又是——为闪电所带来的狄奥尼索斯主题的——神化，

---

[1] EH 我为何这么聪明 10，KSA 6，297。
[2] EH 查拉图斯特拉如是说 3，4，KSA 6，340。

第十章　19世纪的误解

这神化是"查拉图斯特拉思想击中我的第一个闪电的神圣地方的神化",以及"同时发生的前所未有的苦难。为了长生不老,人们付出了高昂的代价:为此,人们在活着的年月里死过多次"。)〔1〕在撕裂的和复活的狄奥尼索斯的神话里缺少这种误认与凯旋的基本特征,同样也缺少相互矛盾的同时性。

假如尼采以这样的耶稣和福音的方式说起父与子、十字架与救赎、极乐与上帝的天真,那么首先总还会有嘲讽的、战略的一面,这一面自开始演说"反基督者"〔2〕和"耶稣类型"以来就被接受了:显而易见,在世界末日的最后斗争中,"反基督者"妄想自己参与其间,以他自己的武器对基督教发起攻击,将其看作一切虚伪和腐败的化身。可是这种状况(Willers将其推到中心地位〔3〕,奎克将其与反基督者的"惯用语句"等同〔4〕,还总是强调那个夏季的评论)绝不是反对,也不可隐藏,尼采在这里围绕语言实践和草案而展开工作,他将其推向他后期哲

---

〔1〕 EH 查拉图斯特拉如是说 3,4,KSA 6,341 f.。
〔2〕 这句话显然最初来自致玛尔维达·冯·梅森布格(1883年4月3/4日)的信中。
〔3〕 有力地驳斥这种错误的想象:"尼采是假造的基督的老师",Willers提出这样的论点,"尼采在反对基督教的斗争中也需要耶稣自身来作为武器"(Willers 1988,275)。
〔4〕 Koecke曾提到,Benz的《尼采对历史的见解》:"借助于耶稣其人的恳切将基督教和基督教会排除出去,乃是流行的做法,并非总要想到新教的虔诚。"(Koecke 1994,187)

学的中心——以与拿撒勒的耶稣的战斗友谊的名义。[1]

这种"救赎者类型"符合"反基督者"的自画像，可作为样板，作为这种完善者的"反类型"的预告的"类型"。这样一来，我觉得对颇有争议的类型概念首先就能理解[2]——在经典的类型学模式意义上[3]，也即不仅仅是作为例证的基本形式，也作为前缀，它预先被解释为就要到来的完成。这一观点与被索摩尔正确地批评为尼采与耶稣可能具有的认同的设想完全不

---

[1] Stegmaier 认为，尼采对于重塑耶稣形象的兴趣，与以一种后期哲学的核心观念来修正有关，后期哲学也能由此得到激发。我觉得可以想象的是，真实情况可能完全相反。Stegmaier 写道："以其耶稣类型论的理论，他构想出一种没有权力意志的生活。这样一种生活如若可能，那么他心中会被唤起疑忌：他所提出有关权力意志的理论就成了一种想往性学说，而这种想往源自他自己的权力意志。"（Stegmaier 1992, 165）再者："与其耶稣类型的生活相比，权力意志思想自身变为一种教条，这种教条意欲权力，权力意志甚至有可能来自学说意志。"（同上书，174 f.）耶稣生活实践的"例证也使得权力意志理论作为接近生活的、可以把控的理论出现"（同上书，178）。需要补充的是，这种相反的策划在尼采自己的写作中可与先前的《圣哉经》（FW 第 4 卷，KSA 6, 521 ff.）挂钩。两种方案的竞争在与耶稣争论的过程中肯定会愈益尖锐，这也与尼采早期或晚期作品中两种相互对立的角色（相反相成）相契合。

[2] Stegmaier 1992 紧接着 Salaquarda 1973 都往这个方向努力。两者都强调，"Anti" 前缀在尼采以及 Salaquarda 长期的使用过程中，已经完全吸收了"希腊文 'anti' 的所有意思"（Stegmaier 1992, 176）。1883 年发生了变化：出于论战的单方面目的，所引进来的"反基督者"，其意实在否定和肯定之间；Stegmaier 却将它和类型的相关性完全忽略了。在 1888 年春的札记里，尼采有最为重要的说明诠释（KSA 13, 14, 266）。在 NL 的《类型》一文中，这一概念只是在马克斯·韦伯的意义上进行了讨论（NL, 354）。

[3] 这里还有 Ohly 1977 以及 Schöne 后花纹塑造的模型（Schöne 1958）。

第十章 19世纪的误解

同,也不同于简单的反面,不同于在主角和叙事者之间,抑或范畴内的病理学化。[1]

在这种起始点和终点之间有一段充满谎言的误解时代,尼采觉得这是"基督教"时代。他最后成了具有启示意义的"反基督者",在其著作《反基督者》的最后,他挺身而出反对这个时代。他为《反基督教律法》奔走呼号[2];并宣称,一个新时代的转折点来临了:"曾在得救之日,……"同时,在他背后还有一个他的耶稣;也正是在其著作的最后时刻,他的自我角色再次靠近那位山上人的角色。那人"曾与你们说过的",我要以他独断的、不容置辩的口气"说给你们听"。[3]他率领反基督者拔除"危机",将矛头对准迄今为止所信仰、所要求、所神圣化的东西。原有的诸如神圣、信仰和宗教这样的概念要

---

[1] Sommer 2004,78;Havemann 2002 单纯从病理学的角度来理解"白痴"一词,对于 Willers 1988 来说,接踵而至的是"尼采与耶稣的认同,这种认同稍微超越了对他的同情,那么可以问,是谁误解了尼采的主题和意图"(246)。听起来是绝对的、至高无上的,Willers 在 11 页之后才处处受限地考量起来:"也许是尼采对耶稣的估量并没有从其野心中解脱。"(257)9 页之后:"尼采在多大程度上对教会的耶稣解释进行坚决的抵制(不仅是在口头上,而且是在实践上),那么他就在多大程度上非常矛盾地评价耶稣其人。"(266)他就是这样达到了最初的发布的反面:"人们可以从局部的认同来和耶稣对话。"(271)
[2] AC 的结尾,KSA 6,254。
[3] 这同样的地方证实了 Karl Löwith 1987a,468,470,"尼采的查拉图斯特拉是一种反基督的山上布道","反其道而行之的山上布道"。

么不再使用,要么使用其消极的一面;或者说只是成了过眼云烟般的回忆罢了。反基督者正是在一种志得意满、居高临下的姿态中回归,不想再成为"圣人","我只是一个教会的捐助者",不要求有什么信众。我"万分担心有朝一日有人将我神圣化:人们会猜想,我先前为何出版这本书"。[1]

---

[1] EH 我为何是命运,KSA 6,365。GM 中的《第三篇论文》,首先是第 20 和第 21 段,这两段是有关禁欲理想与神圣作为整体拒绝世界的危险以及哲学本身作为一种"心理学"的篇章。

第十一章 瞧，这个人

直到现在，尼采和耶稣的纠葛主要限于证明他最像那个"反基督者"；当尼采自己导演设计"反基督者"时，便赋予他狄奥尼索斯后期哲学的基本特征。正如我们所看到的，尼采的后期哲学本身也在发生着变化。尼采撰写《瞧，这个人》，作为经验作者，他使自己担当起救世主的角色。在此之前，反基督者曾像一个参与者，不过是一个由旁观的叙述者重新塑造的角色。而今他从一本书的故事叙述者变成了一个生活故事的主角，他一直写下去，这最后一部书的最后一页一直没有杀青。如果说《反基督者》中拿撒勒的耶稣这个角色被推到尼采的角色自我的位置，那么在《瞧，这个人》这一圣徒列传里[1]，作者自身则被推到耶稣这个角色的位置上。

尼采要把耶稣的形象翻转过来，从上帝之子转为圣人。他从标题开始，采用诙谐模仿的手法一路高歌地做了起来。[2]这

---

[1] Sommer 2000, 46, Stegmaier 2008, 64 f.
[2] παρῳδία 一词在词源学上的意义。

一翻转工作同时也意味着作者的自我提升与《圣经》场面的重复。该书名可以有多种解读：对于不过是人抑或人性的楷模的反讽的强调，也可能是暗指拿破仑曾说过的"瞧，这个人"(voilà un homme)。[1] 显而易见的是，这里表现的是尼采公开的、并且在任何方面都是终极的自我表达。手法乃是首先采用《圣经》的一句话和与此有关的圣像学套路"瞧，这个人"(Ecce homo)：这是皮拉图斯对头戴荆冠手执权杖成为阶下囚的国王说的话。[2] 皮拉图斯对国王冷嘲热讽并将其钉死之后，将其置于大喊大叫的民众之前。萨拉·考夫曼在他关于《瞧，这个人》的书中的《〈瞧，这个人〉与圣经》一章里曾指出要参照圣像学的模式，做插图时要参看哈伊罗尼慕斯·(圣)博施的画作——以便一口气做出这样错误的描述，以致大家对她有关《圣经》的知识有所怀疑。耶稣头戴荆冠，她这样描写道；荆冠上写有这样的字："拿撒勒的耶稣〔!〕犹太人的王"；可能是皮拉图斯自己把这行字刻上去的。这一切全是错误的，不仅如此，将"瞧，这个人"的场面和"钉上十字架"混合在一起，

---

[1] 参阅1885年春在札记中所做的说明："在拿破仑看到一个德意志诗人时，不禁吃了一惊——这真是一条汉子！"(KSA 11, 34, 453)从《瞧，这个人》这样的说明可以听出，这关系到教会耶稣和狄奥尼索斯拿撒勒之间的对立，或者说德国诗人和作者之间的对立。

[2] Joh 19, 5.

第十一章 瞧,这个人

也会抹掉对尼采至关重要的、这十字架之路上每一站的时间顺序。[1]

这本书起了这样一个书名是因为尼采从耶稣受难史的许多场面中拉近了具有决定意义的临近状态。"瞧,这个人"不再是游走四方的说教者和打扫庙堂的保洁僧,也不是被钉十字架者。在他被判决的最后时刻,这位受苦受难的基督,这位世界的主人,表现为忍受疼痛折磨的男子汉。他还站在皮拉图斯这位亿万斯年的统治者身旁,在念诵"瞧,这个人"之后,众人喊叫起来:"钉死他!"正是在这种误认和卑躬屈膝之时,他成了"真理对假币铸造进行审判的精神"。[2]

《瞧,这个人》中的基督教因素不仅限于由这个书名激发的态势,它也将尼采自己的想法与耶稣的实践之间的相似性提高至逐步揭露迄今为止仍然隐蔽的神妙。这种相似性在《反基督者》中就已经朝着超越耶稣的方向发展。所谓的神妙最初在微妙的暗示中艺术性地半隐蔽着。在这里,快乐的信使被认出是已经变成人的上帝。在《新约》中,这样的最初的揭露场面

---

[1] Kofman 1992, 45 f. 霍德尔 2003 试图努力将混同作为修辞伎俩来加以保护(83, 注释 103)。这是一种自救尝试,在不断重复的、没有丝毫讽刺意味的表述中,使人觉得 Kofman 没有找到支点,对十字架铭文也无法解释。Kofman 1992, 49.

[2] EH 瓦格纳事件 3, KSA 6, 361。参看《约翰福音》:"我是道路,我是真理,我是生活。"(Joh 14, 6)

就是耶稣的神妙。回首来看,可以看到他复活和升天的前兆。于是,这里排成梯队逐步升级的神妙,在这样的光环下预示着上帝的光临。

这是以序幕开始的,开始是由第一人称"我"来叙述,采取框形结构:

> 这是一个完美的日子,大地万物已经成熟,不仅葡萄变成了褐色,阳光也照射着我的生命:我回首眺望,我登高望远;我从没有把这么多美景尽收眼底,从没有把这么多美好的事物一下子尽收眼底。怪不得我今天埋葬了我的第四十四个岁月,我可以将它埋葬,——在我的第四十四个年头里,生活得救了,生命是不朽的。一切价值重估,《狄奥尼索斯颂歌》,都是为了休养;《偶像的黄昏》——这都是这一年的礼品,甚至是这一年最后一季的礼品!我又怎能不感谢我整个的生命?我就是这样给自己讲述我的生活。[1]

谁在那里说话呢?

今天最简单的回答是:一个自传作者。在写着自拟书名的

---

[1] EH, KSA 6, 263.

第十一章 瞧,这个人

那一页上,他称自己是"弗里德里希·尼采",他以"瞧,这个人"来指向自己。不像在《反基督者》中那样主要由(与作者靠得很近,而又不会与作者等同的)叙事者说话,而是现实的作者说得更多。"弗里德里希·尼采生平简介"(de vita sua),是草拟的书名之一。[1] 尼采于1888年10月30日给化名为彼得·噶斯特(Peter Gast)的朋友海因里希·科萨利茨(Heinrich Köselitz)写信,说道:

> 在我生日时,我又开始着手做点什么了,看来做得还可以,这已然意味着升级了。而今做的是《瞧,这个人》,或者说怎样才能使人变成人。说的是,敢冒天下之大不韪,我自己和我的著作。[……][2]

11月14日,他极为迅疾地完成了手稿,他在一封写给梅塔·冯·塞丽丝的信中说到所拟的书名:"这个人实际上就是我自己,也包括了'瞧,这个人'。"[3] 毫无疑问,《瞧,这个人》便立即以文本的第一句话作为作者自传建立了起来,并

---

[1] KSA 13, 24, 633.
[2] KSA 8, Nr. 1137, 462.
[3] KSB 8, Nr. 1144, 471.

预告"说话的我究竟是何人"。[1]另一方面,马丁·施廷格林（Martin Stingelin）提出的论点都至关重要,值得认真考虑。在某一本书中,比如《瞧,这个人》,"不同主体〔……〕的本真都是很成问题的"。[2]这到底是怎么回事呢?

在前言中,作者宣称,他的自我成为文字游戏,这一游戏是由"我"来导演和调整的。这个"我"一方面区别于"他",另一方面又和"他"等同。

> 我就是这样给自己讲述我的生活。[3]

在这里,阅读的重点应该放在哪里呢?放在"我"上抑或放在"叙述"上?两者兼而有之。索摩尔说,面对《反基督者》中面色严峻、口气强硬的"我"时,大家总会争论,作者和"我"在多大程度上是同一的呢?[4]就是在那里,不仅把耶稣当作叙述的主角,而且总是把叙述者当作一个在认知与情感上投入其中的文本的第二个角色。两者在所讲述事件及其力度的推动

---

[1] KSA 6, 257.
[2] Stingelin 2002, 89f. 尼采晚期作品中以口述的方式论证艺术实验,Daniela Langer 2005。
[3] 1888年10月15日? EH, KSA 6, 263. 此外还有 Langer 2005, 111–113。
[4] Sommer 2004, 71.

第十一章 瞧,这个人

下相互影响。从这里出发,可观察作者的我、叙述者的我和在《瞧,这个人》中讲述的我之间的关系,并且可以从叙事学的角度来确定他们之间的关系:自传型的自我,有别于叙述的层级和一个与其经验同一的,而从叙事逻辑上看又与其不同的叙述主角。两者都是叙事的角色,都是作者设置的角色。在与读者订立"自传协定"的情况下,他才进入这些角色。[1]这种态势的描写对于作者的意图,对于其内心活动抑或事情的真相,既无法说出肯定的话,也无法说出质疑的话。这种描述也只能关注文本本身的性能——而文本在叙说自我时会显露出作者的某些激情。

副标题字面上的意思在这里展现在我们眼前,"人如何成为人,人又是什么"。对这一点进行深入研究者若要举出一个哲学家的名字,那非利奥塔(Lyotard)(对比笛卡尔)莫属,他将"教育小说"的模式也置于哲学思辨之下。[2]对于所有的

---

[1] 与 Lejeune 所发展的模式相符合,对此 Langer 也做出了贡献(2005,11-21)。
[2] 利奥塔将其在学术论证中叙事方法占主导地位的论点指涉启蒙哲学的基础文本:他非常明确地说起那样一种"教育小说"(Lyotard 1986,91),并提出"方法论"。这样一来,哲学论文不仅作为叙事文字来阅读,而且也可以看作具有哲学思辨的自我的叙事结构。利奥塔所做的简要说明就是讨论话语,讲述的是一个作者的病源学,这位作者就是笛卡尔。笛卡尔对他的形而上学的怀疑与确定,对自信的、反思的自我的丧失和回归加以说明,讲述了人是如何变化的,人又是什么。叙事的后果是个人,是讲述个人的那个人;那人的目的是他的名字。关于名字对于建立认同的叙事的意义,利奥塔曾经有一段说明:"在其诞生之前,孩子便会受其周围环境和历史的讲述者影响。"(Lyotard 1986,56)

哲学叙述传统和自传性叙述传统来说,起初的特殊叙说态势表现出一种令人讶异的背离。这一点在序言中业已论述过了。

"我就是这样给自己讲述我的生活"——吉奥里基·考里(Giorgio Colli)曾说这句话充满着"神秘"色彩,令人产生幻觉。[1]到底是什么让他如此迷惘呢?首先,他自认为已经对自传的基本状况和自传协议进行了解释。[2]正在叙说的我向读者表现被叙说的我,这个被叙说的我在尘世生活方面与他是等同的,不过,这只是表面的等同,在叙事分裂的路径上与他不同。同时,从这里开始写作的主体分裂为三:"我—对我—我的",一个是叙说的我,一个是作为听众的我,一个是被叙说的我。后者在这里是"我的生活"的转喻式改写。"我,"尼采写道,"给自己讲述我";他想起了罗伯特·穆齐尔(Robert Musil)的名言,绝大多数人对自己来说都是自说自话的讲述者。不过,"我和(被动的)我",尼采在其1882年的札记中曾有以下文字,"总是有两种不同的人"[3];每个人与自己的基本关系都是一个他者。到底为什么我要对自己讲述已经知道的事,讲述我经历的事?继而,讲述者是什么意思,说什么"感

---

[1] Colli,后记,KSA 6, 456。
[2] Lejeune,还有Langer 2005。
[3] 罗伯特·穆齐尔:《没有个性的人》,《穆齐尔著作集》第2卷,汉堡,1952。尼采,KSA 10, 3, 352, 96。

第十一章 瞧,这个人

谢我整个的生命"?难道说那是一个与之面对面的人?而今他正准备讲述这一生的故事——难道说在此生以前已经有结束了的一生?这里有人在说话,自说自话,快要讲完了吧?引言究竟是什么意思?为何会出于对"我的生活"的感谢而讲述这生活?我们阅读着、倾听着一个满怀感激之情的人的自言自语——一个普普通通的我的自言自语;这个普普通通的我似乎就是说话者,是听众,也是讲述的对象。那么谁是这一自传的"我"呢?

在该书的引言里,一个"我"的三角关系在一种诗歌‐音乐的变体中细微而不着痕迹地反复着。这就是著名的威尼斯诗韵[1]:

> 在一个褐色的夜
> 我独自伫立桥头,
> 从远处飘来歌声:
> 像是奔涌着的金色水珠,
> 在荡漾的水面上消失倏忽。
> 游艇,灯火,音乐——
> 举杯同饮,在苍茫的暮色中一醉方休……

---

[1] EH 我为何这么聪明 7,KSA 6,291。

> 我的心灵，像琴弦受到拨弄，
>
> 唱了起来，悄悄然，它受到了感动，
>
> 游艇响起了歌声，
>
> 沉浸于极乐之中，歌声有些颤抖。
>
> 有人在倾听吗？

仔细品味，该诗的风格复杂而又矫揉造作，充满隐喻，再次显示出"我"是首创者，是对象，是歌声的倾听者。所唱的歌曲（在诗的吟诵者听来像是另一种声音）名为《我的心灵》。歌唱并非自己意志的表露，而是无形感动的流露，由某种看不见的东西触动。"我的心灵，像琴弦受到拨弄/〔……〕悄悄然，它受到了感动。"在心灵里唱，并通过心灵传播，如同埃奥洛斯琴*中的风传播开去；仿佛是出于自己的渴望而歌唱者遭遇到了它一样，艺术的独立性在于与古老的灵感诗意进行论辩。不过，灵魂也把这赞歌唱给自己听；它是它自己的听众。但尽管如此，这首诗还是要问，到底有没有"哪个人"倾听了它——这表明，在超越寂寞的同时，对自己的本质还有某种不确定性。以这样的方式出现的"游艇小曲"，可能（这一点只是为文本所允准，而非要求）同样是这支我们在这里阅读的小曲

---

* Aeosharfe，古希腊乐器，以风神埃奥洛斯命名。——译者

第十一章 瞧,这个人

儿:作为虚拟的局外听众来听取在我们耳边进行的自说自话。

在第一节里作为"我"出现的("我独自伫立……")在第二节中就有了不同的层次:这件艺术品的首创者("歌者")、艺术品的媒介("拨弄琴弦")和接收者(自己)。"自说自话"是否会向着更广泛的沟通渠道开放,不再取决于他,而是取决于在座的听众,而对于听众,"我"知之甚少。"有人在倾听吗?……"这一问题有点儿像这样一个问题:在《瞧,这个人》的最后作为独白向读者提出的问题重又回归了,像是对一个读者问道:"大家理解我吗?"[1]

一个单一的个体,一身而兼三任:既是讲述者,也是被讲述者和听众。讲述的是他自己,*causa sui*,在神话和宗教史中,我只看到一处地方有思考兼讲述的角色,从中可以引出这种一身兼三任的语法。也正是那种"三位一体"说,反基督者曾将其当作尘世历史中的玩世不恭而大加嘲讽。这当中很有些相似性,不仅表现为一个人有三种人格,而且还表现在这种统一体是在一种沟通力度中进行的——并且打上了基督教神学的烙印。这位新教牧师的儿子对于基督教神学,不管怎么说,信

---

[1] Gauger 1984,332–355,发现"一种穿越型的,要急于沟通的东西,绝对要加以理解的意志;要给予沟通而又指向独白化的东西,这些对于《瞧,这个人》来说深入于其风格和色调之中"。(341 f.)

仰最久，印象也最为深刻。所以路德的语词—神学将"三位一体"作为描述上帝的尝试，作为天生的语言的发生：

> 正如天父是一个永恒的说话者，天子永远被人说，圣灵永远是听众。[1]

序幕和游艇小曲的自我指涉都是跟随这一语法的。全书的谋篇布局整体上来说也是依此语法而行的。书的封面上，作者一栏依然写着"弗里德里希·尼采"；作者的"我"所要讲述的是"我的生活"；而"我的生活"的记录是按时间顺序进行的，以序幕和四个一般性描述的章节切入。对于"人如何成为人"这个问题的回答，可说是来源于所写的总和；序幕中以"我"的面貌出现的，在行文中可以看出是作品本身的效果。

一方面，作者坚持"我"是一个不可忽略的、与所写对象完全不同的个体："一个是我，另一个是我的作品。"[2]另一方面，他在这里又认为他的作品是源自作者的、脱颖而出的、本质上与他等同的第二个人物。"至于是否懂得这些著作，"作者解释道，"提出这个问题根本还不是时候。我的时代还没有到

---

[1] 马丁·路德1967，WA 46，60。
[2]《瞧，这个人》的第三章以这样的一句话来开始："我为何写出这么好的书。"（KSA 6，298）

第十一章 瞧,这个人

来,有几部书要作为遗著发表。"[1]将著作和"我"相提并论意味着什么,丹尼艾拉·朗格尔"将其看成是作品以作者的名义拟人化的表现"。[2]只要第二个我"还不到时间",那么他就是唯一一个能够理解的读者——"我是在为我写我的生活"。只要他的时间到了,他就会有新的随从,打造新的上帝子民。先是向听众(而不是读者)发出一个满怀激情的、富有使命感的呼吁,开始时根本就没有坚持理解的听众,后来才会出现虽不显眼却是非常重要的象征性的几个。

早在1886年8月7日,尼采在给莱比锡出版商弗里契(Fritzsch)的信中写道:"只要有十部著作,不必太多,留下来就不错了。"[3]将他的全部著作减少至十部,这是一种尝试,正如马丁·施廷格林所说,"试着将其全部著作赋予权威的灵光,赋予第二种十诫的光彩"[4]——这一尝试,亦即原则,也应用于他必胜的事业。这一原则在其《反基督者》的最后也曾小幅度地实现了[5]他的"反基督教律法"。

---

[1] EH 我为何写出这么好的书,KSA 6,298。
[2] Langer 2005,117.
[3] KSB 7,226,Nr. 730.
[4] Stingelin 2002,80 f.
[5] "反基督者"(签名就是这样的)在《反基督者》的最后以"反基督教律法"赢得了新立法者的好感;像耶稣当年在西奈山上对摩西不厌其烦地、高屋建瓴地进行山上布道那样,新立法者也可说是亦步亦趋(EH,KSA 6,254)。

尼采最后的文字

一个真正新型的转折是以"三位一体"的模式来进行的,并且是在顺便引入的、奇异的神话学措辞的表象下进行的。所谓三位一体是指说话者、被说者和听者。只有第一人死后,第二人才会诞生:"我还没到时间,有几个是在我身后诞生的"——好像首创者的死、作者的死,乃是作品在其读者中诞生的前提。[1] 在这里,尼采没有标明地逐字逐句引用了"狂人"在宣布"上帝死了"之前说的话。在他对那些杀害上帝的凶手的讲话行将结束时,他默然了:

> 他再次看向听众,听众也一言不发,用异样的目光看着他。最后他将灯笼摔在地上,灯笼随之破灭。"我来得太早了,"他接着说,"我还不到时候。"[2]

他在《快乐的科学》第125节说到,电闪雷鸣也需要时间,这里则继续深入地思考,并继续讲述下去:第二个人诞生的先决条件是第一个人物的死亡;这两个都叫作"我"。

著作标明了生成的路径,在最后就是我的"生成",或者

---

[1] 我以为不能排除这样的情况:罗兰·巴特也注意到了这一段落,当他可看到"作者之死"、连同宣言的传单时,宣言说作者之死乃是"读者的诞生"。
[2] FW 125, KSA 3, 481;我的强调。

第十一章 瞧,这个人

说"写出来",完全是走向自己。结束时的第三个问题,即别人会不会理解我的问题,在由副标题设置的前提下具有两种含义。所提问的不仅是读者是否理解了著作系列中,包括这部著作中所说的话,而且还包含了这样一个问题,读者是否认出了作者就是现在的作者。

他的"我",作者写道,"是个庞大的多数"——这个多数既是首创者,也是进程和结果。[1] 在《瞧,这个人》中完成了转折。莫提那瑞曾要把尼采1888年的著作全都算进转折之内(这种转折直到《反基督者》才进行准备)。只是在这里,"才对那些原先的议题进行了纯私人的阐释,尼采的思维才和尼采本人合而为一"。[2] 在我看来,对这种说法的阐明就在于将思维风格"拟人化",明确为这种思维的结论。这是"尼采的思想",这思想是和尼采融合在一起的,而不是相反。尼采1884年在札记里写下的意图,而今在值得思考的、叙事的结构里实现了:"决心。我要说,不再是查拉图斯特拉。"[3]

与此相应的是,给这种自传拟的标题经常变换,其中有

---

[1] EH 我为何这么聪明9,KSA 6,294。《这个尼采》,Langer(2005,119)加以说明,"是由作为作者名字的专有名词的职能组成的"。
[2] Montinari,后记,KSA 6,452。
[3] KSA 11,25,83.

一个标题是:"反复的记录"——也就是"多倍的札记"。[1]早在《反基督者》有关耶稣的段落中,就有对这种模棱两可的标题在试探性的表述中的准备:"类型可能就是颓废类型,数量巨大,充满矛盾。"[2]在最后一稿中,取代这一标题的是受难的耶稣的福音语录,其中福音和信使完全等同:"瞧,这个人。"

这样一来,尼采的狄奥尼索斯的耶稣,或者说耶稣的狄奥尼索斯,还有"伟大的象征主义者",便又进入一种自我指涉的艺术的浪漫—反讽游戏:这个我"从来就不是'人'的概念,'个体'的概念"[3],这个我作为儿子和父亲是同一个人,在其博爱的实践和宣告中,这个我最终也和他的学生化为一体。这就是那个艺术家耶稣,他对遭遇他的现实进行富有独创性的改造,直至对他来说再也没有对立物[4],直至他能和作为人与他的福音的上帝一起生活,直至上帝死于十字架上。[5]尼采曾在《反基督者》中这样写道,好像他就是被钉十字架者本人。[6]

---

[1] KSA 13, 24, 632.
[2] AC 31, KSA 6, 202.
[3] KSA 13, 11, 183.
[4] AC 32, KSA 6, 203.
[5] AC 41, KSA 6, 215.
[6] AC 39, KAS 6, 211.

第十一章 瞧,这个人

尼采给《瞧,这个人》写的序言在先前的自我美学化和超人手稿的结论中使得"伟大的象征主义者"与作为艺术的宗教观凸显了出来。这里所讲述的、所营造的"上帝死后",就是瓦格纳结束之后艺术宗教的崭新形式。[1]

---

[1] 谈艺术宗教概念,见 Auerochs 2006, 72-118;谈瓦格纳后继者 Ronell 的矛盾心理(2009)。

第十二章　什么是真理

有的评论家认为,《瞧,这个人》这个书名具有讽刺意味[1],是尼采对基督教讽刺性的模仿。[2]皮拉图斯所说的"瞧,这个人",在尼采听来像是与被错认为弥赛亚和圣子的人拉开了讽刺性的距离,负载着与此前对耶稣的真理诉求的同样质疑——真理究竟是什么呢?考夫曼曾简而言之地写道:"邦斯·皮拉特·勒·罗曼可说是尼采的先行者:他在提出质疑的同时,也使得谱系问题成为研究对象,并对此进行了准备。"所以,在相隔数百年之后,书的标题意味着对他的这个先行者意味深长、心照不宣的一瞥。[3]

我们看到,早在各各他故事的新编之前,反基督者就以其有关真理的问题对皮拉图斯进行了一番介绍;标点也变成了惊

---

[1] Willers:"《瞧,这个人》也是暗指《新约》,其影响来自对比:人怎样才能真实(非基督教的与反基督教的),保持人的本来面目。或者说,瞧,人的存在还有什么可能!"(Willers 1988,290)
[2] 霍德尔 2003,85。
[3] Kofman 1992, 47f., 50.

第十二章 什么是真理

叹号:"真理算什么东西!"就因为这句话,他认为皮拉图斯在"整个《新约》里是唯一一个"值得尊敬的人物"。这么一来,反基督者的这个皮拉图斯将真理和谎言之间的对立从根本上置于令人怀疑的境地,完全符合尼采在其《论道德外的真理与谎言》中阐发的旨趣。正是出于真理问题,反基督者对其大加表彰,"文雅地驳斥了一个罗马人;在他之前,罗马人曾对'真理'一词进行了无耻的滥用"。[1]即使在这里也要细心地检视。

"在他之前"到底发生了什么,究竟是何人在滥用?绝非"神圣的白痴"耶稣。按照反基督者的信念,"并非最遥远的科学、审美观、精神养护和逻辑的微风"吹向耶稣;对于反基督者比喻式的讲话是可以赋予真理诉求的,只是要在复数的情况下,在从柏拉图—保罗式的真理概念中解脱出来的前提下才算是可行。所谓"真理"在这里也是要加上引号的:"他只是把内在的现实当成现实,当成真理(真相)。"[2]对于反基督者而言,满口讥讽的皮拉图斯的对立面并非生活于真理和谎言之外的"白痴",而是满脑子教条的早期教会第一次草拟的《新约》中的基督教化的耶稣,该书充满了非此即彼的观念,不是真

---

[1] AC 46,KSA 6,225.

[2] AC 34,KSA 6,206.

理,就是谎言;不是罪孽,就是宽恕;不是惩罚,就是奖赏。

如果说霍德尔紧接着考夫曼解释说,尼采"将皮拉图斯作为法官重又安排进历史"[1],同样[2]"也作为尼采的先人"。那么,被判者就不是耶稣了——反基督者本来要与耶稣一起去讨伐"教会的粗野"——而是教会的重新解释。这里引用的《约翰福音》的文本[3]也正好给他哲学的真理前提。当霍德尔说起尼采对"福音故事[4]进行价值重估"时,他是在暗示其中的差异。反基督者觉察到"和我有关者","乃是救赎者的心理类型。救赎者很可能隐身于福音信条之中,尽管也反对福音信条"。[5]此后他一直向福音信条发起攻击,他强调自己并非针对耶稣,而是和耶稣一起向福音信条发起攻击。"书名的选择表明,尼采对基督教进行了讽刺性的类比"[6],这一说法是错误

---

[1] 霍德尔 2003,83。Sommer 的文章《耶稣反对他的诠释者》即是采纳这一论点,并将其继续下去。
[2] 也就是那个人,"他通过他的一句怀疑的话语'什么是真理?'而指向耶稣的陈述,他是真理,在《圣经》里他写下了他批判性〔……〕的立场",霍德尔 2003,85。
[3] Joh 18, 37f.
[4] 霍德尔 2003,83。
[5] AC 29, KSA 6, 199.
[6] 霍德尔 2003,85,"瞧,这个人"这一表述早年的两种用法,它们不属于同名著作的草稿,显然另有重点(参阅霍德尔 2003,83)。在《快乐的科学》中,抒情诗式序诗的第 62 节经常被引用,"戏谑,阴谋和复仇"描绘出与《圣经》中戏谑男子相反的形象,经由"瞧,这(转下页)

第十二章 什么是真理

的。因为当时发掘出大家口头相传的一个非常古老的文本,与所有标题都相抵触,甚至与《圣经》相抵触。特别是皮拉图斯所说的有关"救世主"的一句话更是如此,而这个救世主却生活在"语录、规则、律法、信仰、教条"之外。

这一文本的辗转相传超越了著作本身而进入本原的直接性和承诺着"本真效果"的口头沟通。这个作者往常总是对书面表达极为重视,"我们的笔用来书写我们的思想"[1],经常被引用的这句话正是出自于他,就是这个作者,将他的著作当作口头事件来上演。要是反基督者将其同名作品作为一本书("该书属于少数几个人",第一句话是这样写的)呈现出来,该书面向"我的读者,我的真正的读者,我的已经预先决定的读

(接上页)个人"标题的拉丁文套语而超越耶稣受难的历史,既非正面的,亦非负面的:"是的,我知道我来自何处,就像那一团火,永不餍足,炽热烈焰将我烧成灰烬,我所把控的全都是光,我所留下的全都是煤;我就是那一团火。"(KSA 3,367)这才适用于《偶像的黄昏》中的小市民的讽刺:"我们最终还会考量,这是什么样的天真痴傻,'人应该曾是怎样的!'现实已经向我们表明,类型是何等的丰富多彩,形态竞赛也是蓬勃发展:某一个游手好闲的家伙说到道德家时会这样说:'不对!人难道不应该是另外的样子?……他甚至知道人应该是什么样子。这个流氓,这个二流子,他在墙上涂起鸦来,并说:瞧,这个人!'……不过,即使道德家转向这个人并对他说,'你应该如何如何!'那他也不会听的,只是觉得这很好玩。"(GD)作为反自然的道德6,KSA 6,86 f.。

[1] 这是尼采在他的打字机上打出的一句名句,1882年2月底致 Köselitz(Peter Gast);KSB 6,Nr. 202,172。

者"[1],那么,一种虚构的说话场面便会随书出现——用力气"来说,我是谁",并要求无条件地倾听:"听我说!"[2]就像作者讲述他的生活,唱起他的游艇小曲那样,他也会像说起一个声学事件一样说起对他最重要的书:"请听,查拉图斯特拉是怎样自言自语的。"[3]他引用了皮拉图斯的一句话,作为一种情境的回声——它并非是读来的,而是穿越《圣经》,在《圣经》的彼岸、在《圣经》之外听来的。

尼采就是这样利用惊叹句"瞧,这个人!"来作为他激情表达的公式(不是作为讥讽的信号)。这样他便为他的"生命"—关系向真理提出诉求,这一诉求与福音诉求相比毫不逊色。作者为了将真理概念扫平而大力保举皮拉图斯,他在《瞧,这个人》中说道:它既与柏拉图也与保罗的真理相对立;对希腊人来说令人恼火,对犹太人来说也是一场噩梦。

这一点强有力地呈现在最后一章《我为何是命运》中。尼采以这样的论断前无古人地自我展示为"快乐的信使":"只有我才算是发现了真理,由此我首先觉得谎言就是谎言。"未来的、世界末日的最后战争在于,"数千年的真理和谎言处于斗

---

[1] AC 前言,KSA 6,167。
[2] EH 前言 1,KSA 6,257。
[3] EH 查拉图斯特拉如是说 7,KSA 6,345。

第十二章 什么是真理

争的状态";"真理说话"属于他的查拉图斯特拉的伟大。[1]

如果说"古老的真理走向了尽头",那么这里还谈论什么呢?显而易见的是,"真理"与"谎言"的特质在这种新型的意趣下和论说的性质分不开。而今反基督教的快乐的信使也把"'生活'的经验"改写为一种包括一切对立的生活实践,只是将一切道德排除在外,一如在耶稣那里;而道德在查拉图斯特拉那里也要求一种新的语言:

> 迄今为止最强大的象征力,与(查拉图斯特拉的)语言的回归的形象本质相比,都显得贫乏,都像是儿戏。[2]

由此可见,尼采赞扬他的查拉图斯特拉有这样的能力,只要有机可乘,他就能把一切变为比喻,并仰赖于此来论说"真理",真理是对耶稣福音的超越。因为生命在这里超越一切抽象的对立(以致对该词长时期的使用在感情激越时往往会有某种嘲讽的意味),所以他的"真理"与所有哲学和神学教条的真理有着根本的不同。只有离开这样的路径才算是得当地遵循这一路径:"只有你们将我完全否定了,我才会愿意重现在你们眼

---

[1] EH 我为何是命运,KSA 6,366。
[2] EH 查拉图斯特拉如是说 6,KSA 6,344。

前",尼采教导"查拉图斯特拉"说,"弗里德里希·尼采"将会在《瞧,这个人》前言的结尾处引用这句话。[1]语言游戏的自我矛盾、悖论和歪曲,都证实了他们所说的活力;他们还让有关启示、谎言和真理的抽象语言在没有边际的、极为活跃的符号语言中发展壮大,查拉图斯特拉也真的"只要有机可乘就能把一切变成比喻"。

成为启示的大师归功于不断的练习,一如教会的传承需要《圣经》一样。从《瞧,这个人》最后一章再往前翻阅几页到达关于查拉图斯特拉那一章,就会发现两句结束语,它们有关宗教和哲学名望的诉求,两者处于不言而喻的、自我指涉的统一体中,仿佛从来没有另外的样子。这再次发生在对一个神话故事的改编中,即雅各的天梯幻象。在人类所谓太古时代的幻象中,天梯是连接天和地的梯子。尼采不再将这样的图景(与这一图景相联系的是"启示"与"真理"的概念)与《旧约》的创教者联系起来,而是与他的反圣经的另一个自我(alter ego)相联系。在《瞧,这个人》第9节中,他讲述了自我的历史,那总是按照自己的意志来讲述的,既有哲学思考,也有文学渲染的自我的历史。作为哲学的讲述者,他说起查拉图斯特拉就像是说起第三者,面对这位第三者他受宠若惊,谦卑得

---

[1] EH 前言 4,KSA 6,261。

第十二章　什么是真理

很；而作为讲述的哲学家，他倒是也说到自己：

> 天梯乃神奇之器，坐上天梯可以上上下下；他看得更远，他的愿景更为开阔，他的神通也更为广大，他是出类拔萃者。他说的每句话都是在反驳，他是所有人中最听话的一个；他的身上承受着所有的对立矛盾〔……〕直至眼下，人们还不知道，什么是高度，什么是深度；更不知道，什么是真理。没有一刻是处在启示和真理之中，这一刻被人先行拿走了，是被一个最伟大的人之一猜到的。[1]

"……什么是真理"——这确确实实又是皮拉图斯对《约翰福音》中的耶稣提出的问题。而今向尼采的查拉图斯特拉提出了这个问题，没有嘲讽，也没有质疑。在这个被尼采赋予功能的、被讲述的人物身上，这个问题以精确的方式人格化了。

重要的是，尼采是在哪个方面对《圣经》里的雅各故事有所偏离。在其衍生的变体里，在人世间，不再有富有想象力之

---

[1] KSA 6, 343；我的强调。参阅 Gen 28, 12 f.："〔雅各〕梦见一个梯子立在地上，梯子的头顶着天，有神的使者在梯子上，上去下来。耶和华站在梯子以上说，我是耶和华你祖亚伯拉罕的神，也是以撒的神〔……〕。"

人做梦了；不再有富有想象力之人来聆听主从天庭传下来的声音，而天使在天地之间居间传达——在这里，他自己成了转达者，他登上天梯"上上下下"。如此这般，他便不再处于《旧约》中雅各的地位，亦即只是启示的接受者；而是遭遇到世界末日般的人子的处境。该人子由耶稣在《新约》中宣布，他是"所有精英中最听话的一个"。他在召集他的首批门徒时，根据《约翰福音》的记载，将雅各的故事吸收了进来，并如此重新解读——天使以人子宫廷的面貌出现，悬浮于天际："从现在起，你们会看到天空开放，上帝的天使会上上下下于人子之身。"[1] 世界末日的人子会成为尘世的法官：这才是尼采的查拉图斯特拉在《瞧，这个人》的回顾中涉及的大师，只有他才有可能超越真理和谎言来重新论说"真理的启示"。须知，《约翰福音》在《瞧，这个人》中已被提升为了最重要的文本材料。

所以说，《瞧，这个人》的标题不再是指皮拉图斯的质疑，而是引证皮拉图斯，将他当作向讥讽和误认了耶稣的群众指出被误认之人的人——这个人的时刻到了。

---

[1] Joh 1, 51.

第十三章 我是谁

《瞧,这个人》:似乎只有从以这些话语发出信号后的耶稣角色和超越一切的架势出发,才可以解释自传中的一些谜团。这就有一个显现于上天而又死去的天父的问题:"他向农夫布道,农夫说,他看起来像是天使。"[1]这是对尘世家庭的背弃,以及对神圣出身的强调:"与这样一个无赖有血缘关系,对我的神圣性是一个侮辱。"[2]这是对古老永世的破坏,是对新永世的引领:

> 今天所创立的价值,三年之后将不复存在。——以此来考量自己,我的能力如何,先不去说,我所要做的,就是史无前例的颠覆和无与伦比的建设。[3]

---

[1] 我为何这么聪明3,KSA 6,267。
[2] 在最后加工阶段所补充的一种说法,EH 我为何这么聪明3,KSA 6,268;参阅 Mt 12, 46-48;Mk 3, 20 f., 32。参阅《狄奥尼索斯颂歌》中最后的诗篇:"谁是我的父亲和母亲?/丰饶王子难道不是我的父亲?/轻轻的笑声难道不是我的母亲?"(DD 最富有者的穷困,KSA 6,407)
[3] EH 我为何这么聪明10,KSA 6,296。

无与伦比,有可能,但并非史无前例。"这个人曾说,"尼采在《马太福音》中读到,"我可以把上帝的庙宇摧毁,三天之后又能将其重建。"[1] 不管在什么地方,在成与毁中,都要对尘世进行审判。当着说话人的面,法庭已经不事声张地开始审判,要在即将到来的灾难中、在启示中彰明昭著地进行审判。"从现在开始,"被俘的耶稣对大祭司说,"你们将看到人子坐在权力的右边,会想到天空中的云彩。"尼采描述的那个人带来的不仅仅是以《偶像的黄昏》来抵制瓦格纳的艺术宗教——用德语来说:"古老的真理已经走上尽头……"[2] 完全相反,正像他后来继续说的:"从我开始才算是又有了希望,又有了使命,又有了要加以遵循的文化路径——我就是快乐的信使……"[3] 十页之后再来一遍:"我是快乐的信使,前无古人的信使……从我开始才又有了希望。"[4]

"……从我开始才又":这些句子的关键词就是这个"才

---

[1] Mt 26, 61. 在尼采1888年11月26日给Paul Deussen的信中让人想起《圣经》的这同一部分,当天鉴于《反基督者》并影射《瞧,这个人》解释道:"没出什么事儿,没有倒下的,今天还站立着,我比一般人更为强而有力。"(书信 Nr. 1159,KSB 8, 492)
[2] EH 偶像的黄昏1, KSA 6, 354。
[3] 同上书,第2段,355。Biser在这里说的是"对伟大的下意识的召唤,耶稣将其称为伟大的希望(Kol 1, 17)"(Biser 2002, 140)。
[4] EH 我为何是命运, KSA 6, 366。

第十三章 我是谁

又"。它不着痕迹地重新唤起反基督者明显的基本态势,唤起基督和反基督者类型学的相似,使其成为极具识别度的经典的知性人物。所以在我看来,《约翰福音》中"我是"这样的话常常并且引人注目地转变为自白,表现为精心策划的自我讲述的动机:"我是一个快乐的信使。"导入的预告想要宣告"我是何人",那些词语写的是它的题目;在起着框架作用的章节的标题中开启这样的内容:"我为何这么明智","我为何这么聪明","我为何写出这么好的书",最后是"我为何是这样的命运"——这些话语,特别是在诸如前面已经看到的"宣战"和"锤子在说话"等章节删去之后,便成为形成结构的原则。

他热情洋溢的文字立即在前言的第一段显现了出来。正像结语一样,对于尼采亲自撰写的目录和随后由自我讲述所开启的诗意的前言被放置在前面。如果说在耶稣那里,"父"与"子"的差别只是概念上的,在经验中则是一个强有力的统一体,那么,在《瞧,这个人》中表现出来的谦卑和感激之情,同时也表现为一个自我启示的上帝。第一句是这样的:

> 可以预见,在不久的将来我不得不向人类提出最难办的要求;我觉得有必要来说明,我是谁。说到底,人类有权知情:这是因为我不想让"自己的身份不明不白"

〔……〕请大家安静,来听我说!因为我是一个人言人殊的人,首先请大家不要将我张冠李戴![1]

门徒巴拿巴和保罗在吕斯特拉(Lystera)[2]说起"活生生的上帝",他"不让自己的身份不明不白",即使身在荒原。他听到他亲爱的儿子的要求响彻天庭,并且是在尘世中的耶稣现身为上帝之子的情形之下。这是耶稣在其门徒面前成神的可见的证据:"这是我亲爱的儿子,你们应该听他的。"[3]在耶稣被钉死在十字架上之后,众门徒问道:"这是谁?"(《反基督者》第40节)[4]于是他打算自己来说,"这是我"。还有一些怪异的程式化的回答,"我是这个或是那个",并非回避业已答应的认同,而是按照《圣经》的传统,在这样的语境下,将"我是什么什么"这样的回答加以改写,以启示摩西(及其权威宣示)。[5]除此之外,也可以想到《约翰福音》里耶稣使用的"我是"这样模式的词语。如尼采宣布的,在自传细节和宗教密码之间产生了多义的变化,他说,"我简直就是父亲的再生,是

---

[1] EH 前言 1, KSA 6, 257。
[2] Apg 14, 15-1.
[3] Mt 17, 5.
[4] AC 40, KSA 6, 213.
[5] Ex 3, 14.

第十三章 我是谁

我父亲早逝之后生命的延续";[1]继而,在《约翰福音》中响起这样的声音:"我和我的父亲是一体。"[2]这与此前宣称"上帝死了"相比,口气有些缓和。

修辞学上的反问策略也都是这样:一种神采飞扬的、骄横超越的神情,它是对基督教传统骄横的亵渎神明的嘲讽。这种非常独立的变体还要继续写下去,作为对应的文字,作为讽刺性的类比。即使角色的接受也显得与讽刺很不一样。为了说明这一点,就不得不指出第二组自我描绘,它很少为人感受到;而且对尼采进入耶稣的角色至关重要。

在《瞧,这个人》里,在有关《圣经》抑或《圣经》语言方面,有很多对基督的暗示。还有在不少段落中,尼采按照温和的狄奥尼索斯形象来塑造自己,而这一形象也正是在《反基督者》中加以重塑的耶稣的形象。这也涉及这一形象自身最本质的特点。首先,无论在何处这一形象都是一个颓废者,一个成为伟大肯定者的颓废者。如果说在耶稣那里,"病态的敏感"和"极端的忍受苦难的刺激的能力"[3]乃是"极乐"(乐趣)[4]

---

[1] EH 我为何这么聪明5,KSA 6,271。关于尼采自传与文学之父的形象之间的关系,参阅霍德尔2003,69-86,其中论及《瞧,这个人》82-86。霍德尔没有深入探讨所引证的部分。
[2] Joh 10, 30.
[3] AC 29, 30, KSA 6, 200.
[4] AC 30, KSA 6, 201.

和"光明"[1]谱系的先决条件,那么在尼采那里,一本著作"完美的光明开朗",比如《曙光》,"不仅与最深层的生理上的虚弱"分不开,而且也和过度的痛苦感相联[2]:"一切都受到伤害。"[3]正如希腊人面对生存的恐惧,在悲剧里发明了奥林匹斯魔山——在他那里会产生出"幸福直觉"来肯定人生和爱的宿命。"自己就算是认命吧,不想'与众不同'",尼采在《瞧,这个人》中的意图就是如此[4];他在《反基督者》中的耶稣身上感受到的完全是"自我肯定"。[5]就像反基督者的耶稣,他"既不相信'厄运',也不相信'罪责':他能自我应对,亦可应付别人,他善于忘记——他有足够的坚强,任何事情他都要达到最好"(根据《罗马书》,爱上帝的人,要把所有事情办得最好)。[6]正像耶稣把日常的一切"只是理解为符号,理解为比喻的机遇"[7],在尼采的《查拉图斯特拉》中,对于"真理的启示来说","最为日常之物在这里说起来就是闻所未闻的事

---

[1] AC 32, KSA 6, 205.
[2] EH 我为何这么聪明 1, KSA 6, 265。
[3] 同上书 6, KSA 6, 272。
[4] 同上书, 273。
[5] AC 32, KSA 6, 204.
[6] EH 我为何这么聪明 2, KSA 6, 267, 参看 AC 33:在原始的福音里,耶稣缺少罪和罚的概念,"罪责曾被〔……〕去除"(KSA 6, 205)。
[7] AC 34, KSA 6, 206.

第十三章 我是谁

物。与预言回归相比,迄今为止最强大的力量也显得贫乏和微乎其微"。[1] 在《反基督者》中继之而来的一段说到耶稣:"他请求,他受苦,他爱那些对他作恶的人"[2];对查拉图斯特拉也赞誉有加:"他以温柔的双手抚摸着他的反对者,与他们同甘共苦!"[3]

这样做的结果是完全"摆脱了怨愤"[4],也正是这怨愤将尼采——这一点往往被人忽略——和耶稣联结了起来,使他们成了同一战壕的战友,共同对付保罗和教会:"否定对他来说是完全不可能的事情。"[5] 正是这样,他反对"谎言的战争",并投入他的事业。他奉献出有关生者和死者、辩护与救赎的神学概念来进行比较;"他",尼采这样来夸赞他的查拉图斯特拉,"对过去的一切总是进行辩护和救赎"。[6]

伟大的肯定到处都是"享乐主义在病态的基础之上(如此论说耶稣)[7] 微妙地继续发展";它随处与单纯的"本能—安

---

[1] EH 查拉图斯特拉如是说 6,343。
[2] AC 35, KSA 6, 207.
[3] EH 查拉图斯特拉如是说 6,344。
[4] EH 我为何这么聪明 6, KSA 6, 272。
[5] AC 32, KSA 6, 294.
[6] EH 查拉图斯特拉如是说 8, KSA 6,背景是耶稣有可能沉沦至死亡,以便通过其救赎行动来解救那些死亡的人。
[7] AC 30, KSA 6, 201.

全感"共生（这样来论说自己）[1]，与必须如何生活的本能共生（如此论说耶稣）。[2] 后来，"瞧，这个人"自我审视并进行反思，而耶稣则是不由自主、不知不觉地进行着这一切，"从丰富多彩的生活的自信来观察颓废本能的隐蔽活动——对此我曾进行过长时间的训练"。[3]

在《反基督者》中，耶稣是以颓废的面貌出现的，他是通过以爱心永葆生活的方式来克服自身的颓废的。这是尼采在《瞧，这个人》中赖以讲述自己故事的原件；他把自己的故事讲成一位语言艺术家、生活艺术家的故事："总的来说，我是一个颓废分子，我也是其反面。"[4] 这样他就站在了耶稣的一边，从而成了瓦格纳的对立面。"我像瓦格纳一样，是时代的宠儿，"他在《瓦格纳事件》一书的开首这样写道，"我要说的是一个颓废者：在我了解了它的意思之后，我就予以抵制。"[5] 如今他有了一个榜样，并紧紧追随他。

---

[1] EH 我为何这么聪明 6，KSA 6，273。
[2] AC 33, KSA 6, 206.
[3] EH 我为何这么聪明 1，266。也只是在这两种语境下，尼采作为模仿者才会有一部俄罗斯小说里，比如陀思妥耶夫斯基的小说（有关耶稣和最初教会的描述；KSA 6, 201）里的宿命论的行为方式，我将其称为"俄罗斯的宿命论"6, 272。
[4] EH 我为何这么聪明 2，KSA 6, 266。
[5] WA 前言，KSA 6, 11。

第十三章 我是谁

在这两种艺术形象及其对付（瓦格纳的）日趋没落的生活的诱惑的统一战线的类比中，这种相互接近传扬得很远，以致对于《反基督者》一态势来说，在没有自反性的自发的象征和耶稣与《反基督者》自反性的语言技巧之间的区分陷于动摇。而今反基督者也要观察自身的经验了，耶稣这个纯粹的大傻瓜不是独自一人认识到了这些经验吗？在《查拉图斯特拉如是说》第一段的末尾，作者曾写道："我忽然灵光乍现，构思出全部的《查拉图斯特拉》的初稿，更确切地说，是他向我奔袭而来……"[1]由一种启示性的神秘力量所推动的"奔袭"令人印象深刻，这是对《查拉图斯特拉如是说》的"灵光乍现"著名的描述。在任何材料重又陌生化的转折点和关键点，乃是对古代灵感模式拘泥字句理解的结果，是被动的、意志薄弱的、被制服的结果[2]:

> 诗人如何称谓时代的灵感，19世纪末有人对此有着鲜明的概念吗？不管怎样，我想对此描述一下。只要自身有那么一点点残留的迷信，实际上人们总归无法拒斥

---

[1] EH 查拉图斯特拉如是说 1，KSA 6，337。
[2] 关于这一段与《瞧，这个人》中"我为何是命运"里的自我描述的关系，Biser 2002，139 f.。

> 这样的想法：人只是巨大力量的化身、吹嘴、媒介而已。启示的概念，它的意思是突然之间以无法言说的把握和细致，看见某种事情，听到某种事情。该事使其最深地感受到震撼，简言之就是这样。[1]

不难理解，尼采依然像这样的描述一样停留在私人哲学的轨道上；正如在《我为何这么聪明》那一章里关于营养学的反思那样，这种哲学是在铲平这些章节与灵感描述之间明显的矛盾，后者在这种预警下正是一个富有挑战性的异己之物。"灵感显现出来的是什么"，倍倍尔·弗里施曼（Bärbel Frischmann）认为，"它起自躯体的素质，是人所意识到的启发、主意、想法、启示。""言辞、图像、比喻在心中萌发，并扶摇直上冲向精神的表层；在那里灵感便触手可及。"[2]尼采所说的修辞学描述的是从兴奋到战栗的一系列生理现象，现象本身并非诱因，而是一种反应。这样的事件不是生发于内在的自身，而是自外界入侵：作为闪电，作为光的溢泻，或者说"好像事物都是不请自来"。在"好像"之后的脑生理医学现象研究，需要在另外的篇章里研讨。在文本中，措辞强调的是经验神秘而无法操控

---

[1] EH 查拉图斯特拉如是说 3，KSA 6，337。
[2] NL，文章《灵感》，163。

第十三章 我是谁

的一面,经验有其独特的一面,只有在应急情况下才能加以改编。尼采对查拉图斯特拉成年式描述的重点似乎正是在于:无论是针对现代的合理化,还是针对自己的推导来说,一个得到强调的"更强时代的"古老的灵感方案才具有挑战性,会被认为是自己直接的经验。其舞台的基本角色乃是独白的自言自语,这种自言自语出乎意料地成为对话的互动(对话的对方乃建立于自身之中)——对于这个基本角色,西尔斯-玛利亚(Sils-Maria)的诗句有很好的表达:

> 瞧,突如其来,女友来了!于是一个变成了两个——
> 查拉图斯特拉从我身边走了过去……[1]

早在"游艇小曲"中清风吹响了千年竖琴这样的母题中,已经有这种神启的模式。正如这里的诗人变成了乐器的吹嘴,在那里,"我的灵魂,犹如琴弦,则是无形地被拨动着"。在那里也只有一阵清风柔和地拨动了琴弦,于是产生了曲调;在这里运作的是"超强的强力",它吹动吹嘴,使得代言人成为可启示者。这一灵感的层次不仅使人想起曾经预言的狂喜(Ek-Stasis),想起对虔敬主义条条框框的回归,而且也使人想起那

---

[1] FW 小鸟自由王子之歌, KSA 3, 649。

个狄奥尼索斯。这个狄奥尼索斯的身影曾在尼采的《狄奥尼索斯颂歌》中闪现[1]:

> 人们在听,但不去寻找;人们拿取,但不问何人所赐;一种思想像闪电一样耀眼,乃属必然;电闪雷鸣,毫不迟疑。——我从未选择过。无比的喜悦造成无比的紧张,这有时使人热泪盈眶;这使人不由自主地跨步高远快速,时而又使人缓步前行。一种完全出离自我的层次分明的意识使我浑身战栗;这时感到极大的幸福,幸福与最深的痛苦和阴郁混合在一起,已不再对立,而是富有制约性、挑战性,是光谱中不可或缺的色彩。〔……〕[2]

"闪电"、"张力"和狂喜迷醉的"不能自已",在其中不会再有对立。[3]这些概念全都是尼采的狄奥尼索斯—诱发概念中的主导概念,从《悲剧著作》到《狄奥尼索斯颂歌》概莫能外。在这里,它们将"启示"融为一体;所谓"启示",查拉图斯特

---

[1] DD 阿里阿德涅的哀叹,KSA 6,KSA 6,401。
[2] EH 查拉图斯特拉如是说 3,KSA 6,339。这是眼睛对所看到的颜色不由自主的生理反应,并会产生补充效应;心理病理性的比喻有诸多例证,比如在 Mundhenk(1999)那里。
[3] 在"ἔκστασις"的字源学意义上。

第十三章 我是谁

拉把它当作真理取来;反基督者的耶稣却将其体验为持久的"深度幸福"。与天父融为一体的"极乐"对于耶稣来说乃是"唯一的现实",反基督者曾这样写道;"剩余"成了符号,成了"谈资……",以及在没有某自反性中介的情况下[1]的"比喻机缘"。在这里就像在耶稣那里一样,不以灵感的激发者为前提,但要实践"伟大的象征主义者"的修辞学,这是一种虚构出来的人格化的修辞学;处处设置了一种迷醉状态的"经验生活",以此与神圣和神圣化的一级沟通。尼采在耶稣和天父的关系上需要同样的概念,因此他也将灵感描述为"激情"。[2]

> 一切事物的发生在很大程度上都是非自愿的,就像在暴风雨中有种解放的感觉。从别无选择,从威权,从神性中解脱出来的感觉……图像、比喻的非自愿性是最令人讶异的景象,好似事物都是应运而来,自我呈现为比喻……[3]

可以想见,在这里反身于反基督的耶稣也是安排好的——如果

---

[1] AC 33, 34, KSA 6, 205-207.
[2] 尚有 Schlaffer 1990, 26-44。
[3] EH 查拉图斯特拉如是说 3, KSA 6, 340。

在这一段落的结尾处这个大写的"某人"暗指定是"某人"的话,当如是。"所以下面的情况也是可以想见的,在破折号的停顿中,理应看到作者和救世主类型之间的相似性",1885年春尼采曾这样写道。[1] 救世主类型透过自身仰望天空,一切都以比喻向他呈现,所以,他为了自己的极乐而变成了"伟大的象征主义者"。[2]

> 这是我对灵感的经验,我相信,要过数千年之后才有人可以对我说,"这同样也是我的经验"。[3]

从开篇所列举的——它们应当将经历中不可言说之物应急式地加以改写——当中几乎不为人觉察地形成某个概念。有灵感者不仅经验到"启示",经验到"吹嘴"和"超强力的媒介",而且也体验到了它们的"化身"。在另外的场合,灵感显现为

---

[1] KSA 11, 34, 469.
[2] 这最为清楚地向 Langer 2005 提出建议(156)。令人讶异的是,尼采特别强调"千禧年",这可以说同与歌德精神相近的思路形成了鲜明的对照:现在不再事关伟大的诗人,而是有着很高的超越。
[3] EH 查拉斯图特拉如是说 3,KSA 6,340。在几页之前,有关查拉斯图特拉如何起源曾有这样的前奏说明:"在这两条道路上,我想起了完全是最初的查拉图斯特拉,首先是查拉图斯特拉自身,作为一种类型:更正确地说,他袭击了……我。"(EH 查拉图斯特拉如是说 1,KSA 6,337)

第十三章 我是谁

语言进程,而它以片刻的时间采取了肉身形式;启示成了肉身。尼采在这里作为老资格的语文学家将"媒介"(medium)这个词小写,这是他接受拉丁文词语和概念的结果;在"Incarnation"一词中,"c"的写法值得注意。这将原有的—具体的意义还给了借词。将"carnis"还给了肉身的体现。这里所改写的"灵感"的语言进程中,词语的确变成了肉体。如果一起来听,就不会怀疑,在数千年之后,才能找到某个能这样说的人,这种经验也是他的经验。

这里似乎应该对欧根·比色尔有关《瞧,这个人》的读物插上一句来解释。比色尔比大多数阐释者更加明确地指出,在《瞧,这个人》的结尾处尼采对其品性的自我描述只可理解为出自自我与耶稣之间的辩证关系。[1]正是从其深刻而又灵动的文章中可以看出,解释的传统还在继续发挥作用,这种传统往往低估了神学语言游戏建设性的矛盾心理。比色尔认为,尼采是在"《瞧,这个人》中玩文字游戏","正如早就作如是猜测的那样〔!〕他沉浸于耶稣的角色,在此前不久,他正是因这个耶稣的肉身矛盾之故写出了《反基督者》,并以这个肉身矛盾的耶稣塑造了基督教。而今他直言不讳地揭穿了书名和耶稣自身的希望之乡的真相"。当他把自己描述为"快乐的信使"和

---

[1] Biser 2002, 139.

希望的信使，最后接受了有关世界末日的预言之时，他仍然念念不忘，"即便是形式上循着耶稣的踪迹，坚持着他的问题：'你们认为我来到世间是为了给你们带来和平？非也，我告诉你们，我要带来的是斗争！'（Joh 12，51）诚如其所言，他慢慢进入了伟大和平缔造者的反对派的角色"。[1]比色尔说这样的话是为了坚持尼采的理念，这种理念在《反基督者》以来的他的最后的文本中进行了根本性的价值重估。"快乐的信使"所看到的，迄今为止发生的战争与地震，都与耶稣谈到的世界末日的到来相符。在福音三书（《马太福音》、《马可福音》和《路加福音》）中它们是双重的、尚未被辨认的、将来定会现形的最后的法庭的一部分，后者如今掌控在反基督者手中。反基督者为了对毁灭进行准备，"所以发明了与生命概念"相反的"神的概念"，这带来了一系列令人恐怖的后果；为了贬低这唯一的世界，便出现了"基督教的对生命满怀死亡敌意的观念"[2]；同样，那个极乐的、神化的世界也出现了，反基督者的耶稣只有在这个世界中才能在生活中受到启示。显而易见的是，这个极乐的、神化的世界就在眼前。

---

[1] Biser 2002, 140.
[2] 这是在《瞧，这个人》的结尾处（EH 我为何是命运 8, KSA 6, 373）。

第十四章　背负十字架

眼下叙说者"我"的著作差不多浏览了一遍，越是接近尾声，他的神化过程就越明显地取代了文本表面的意思。他以一些早期文本的语句进入，而后又以暗示、影射的方式延续这一进程。

书的八个章节中有关查拉图斯特拉起源的最后一个章节以模棱两可的语句评论了写给《夜歌》的部分；这些语句与神的受难和解脱紧密相连，观照的一半是指杜撰的圣者，一半是指神圣的诗人自己：

> 从没有人杜撰过这一类的东西，从没有人感受过这样的东西，也从没有人遭受过这样的东西：只有一个神，那就是狄奥尼索斯曾有过这样的遭遇〔……〕查拉图斯特拉，决计进行辩护，直至过去的一切得以解脱。[1]

---

[1] EH 查拉图斯特拉如是说 8，348。下面可读一读《查拉图斯特拉如是说》的引言："救赎逝者"，在这样的语境中，救赎者沉沦于地狱的情景便会清晰可辨，救赎者会把可怜的灵魂引导至自由的天地，"即使是妒忌的人，即使是刻耳贝洛斯也会畅饮和酣睡"（荷尔德林《面包和酒》）。

在其著作的倒数第二章节，作者的自我是不容忽视的。神化只是在《偶像的黄昏》，亦即在其晚期哲学的收官之作中有明显的表现。他最新的著作在自我神化方面则表现得较为含蓄，这是唯一一部没有单独列为一章的著作，这就是《反基督者》。这两部著作几乎同时发表，它们表现为时代转折中的两个方面。在《反基督者》的封底也有这样的提要，以便广而告之；《查拉图斯特拉》对此也曾有过宣告。只是俗话说的"创造者"被要求说话算数。[1]

尼采在《偶像的黄昏》中引入的久远年代（"古老的真理走向末日"）业已式微，同时他的作品乃恶魔的作品："这部著作〔……〕是个狞笑的恶魔——〔……〕没有任何的恶……"[2]正如他在对《善恶的彼岸》的说明里所说的，"现在是该说说否定的那一半了"。[3]在完成了这任务后，这位"快乐的信使"指出了正确的、向上的路径：

从我才开始，从我才重燃希望，才又有了使命，

---

[1] "谁要是想成为善恶的创立者，那他首先要成为破坏者，破坏价值。"（逐字说来便是，谁要是立志成为善恶的立者，就一定要先做破坏者，破坏价值。所以说，大恶乃属于大善：这种大善乃是创造性的。Za 2, KSA 4, 149.）尼采引自 EH 的"我为何是命运 2, KSA 6, 366"。

[2] 这与文本有关，而与作者无关，EH 偶像的黄昏 1, KSA 6, 350。

[3] EH 善恶的彼岸 1, KSA 6, 350。

第十四章 背负十字架

> 才又有了所遵循的文化之路——我是文化的快乐的信使……也正因为这一点,我也是命运。——[1]

他投入地观望着时代的变迁,写下了《反基督者》。该书在这里仅是间接地作为价值重估加以改写:"在刚刚提到的那部著作完稿的当天,我就着手于价值重估这一艰巨的任务";所取得的结果是福音,在这里亦可理解为即将来临的新联盟的律法:"怀着对命运的自信,将一个个词儿打在键盘上。"[2]《瞧,这个人》的倒数第二章也再次指出了这一点,并在论战和类型学的意义上论证了新的、反基督的纪年:

> 揭穿基督教的道德乃是一个大事件,是一场真正的灾难。谁要是弄清了这一点,谁就具有不可抗拒的力量(force majeure),谁就是命运。他将人类历史分为两部分。生活在他之前的人的历史与生活在他之后的人的历史……[3]

作者的写作行动如今带来了一个新天地,随着写作行动的

---

[1] EH 偶像的黄昏2,KSA 6,355。
[2] EH 偶像的黄昏3,同上。
[3] EH 我为何是命运8,KSA 6,373。

完善，才在其丝毫不加掩饰的神化氛围中显露出他的光辉形象。在这里，他玩的也是用词相当精确的神学上的语言游戏。在有关《善恶的彼岸》这一章节的结尾处，他将紧随《查拉图斯特拉》之后的那部恶毒的书（书里没句好话），玩笑般地与"上帝每七天发懒一次"相对比，说这个上帝以蛇的面貌出现在他自创的天堂里。[1] 在对《瞧，这个人》进行最后一步修订时，他进行了总结，强调以充满胜利激情的话语完善福音，等同于创造了一个新世界，因而他也可以与造物主相提并论：

> 全书还有四分之一没有完成。9月30日取得了伟大的胜利；《重估一切价值》已经杀青。我沿着波河漫步，就像上帝那样。[……] 我还从来没有体验过如此美妙的秋天，也从来没有料想到能完成这样的人间奇迹——克劳德·洛兰（Claude Lorrain）的画作引起人的无限遐思，每一天都是无限的完美。[2]

在其手稿中，尼采说得更清楚："9月30日，伟大的胜利；第

---

[1] EH 善恶的彼岸 2，KSA 6，351。
[2] EH 偶像的黄昏，KSA 6，356。

第十四章 背负十字架

七天；沿着波河漫步，像上帝那样懒散。"[1]

新的纪元就要开始，从没落的旧世界中产生一个新世界。在此之前，只有两页秋景图来说明《偶像的黄昏》："大风在树间吹，树上的果子纷纷落地——这就是真理。这是对丰饶秋季的浪费：磕磕绊绊于真理，有些则遭践踏至死……"尼采用以下话语来评价《偶像的黄昏》："用德语来说就是，老旧的真理就要结束……"[2]而今，在这个"结束"到来之后，秋天就表现为耽于无限遐想的克劳德·洛兰，放荡不羁而又完美无缺；眼前展现的是个大自然，自然本身是一件完美的艺术品，用世界末日预言书的说法，"这是一个新天，一个新地"。[3]随着《偶像的黄昏》的完成以及《反基督者》中"价值重估"的结束，作者自身也完成了向着战无不胜的世界法官的蜕变，他像创造一件艺术品一样创造了一个新世界。

---

[1] 在影印本中即是如此；我在这里提醒的。版本非常复杂，参阅评论 KSA 14，500 f.。劳作创世到第七天要休息，这一图景在《狄奥尼索斯颂歌》的结尾也曾出现；"在其第七天的创世者"（DD 最富有者的穷困，KSA 6，406）在给布克哈特最后的信中，也提起"创世"（Nr. 1256，KSA 8，578）。这一创世活动的结束，意味着会进入世界末日，在将来会有新的天、新的地。正如勒南在《反基督者》中写道："而今创世任务完成，剩下的工作乃是进行最后的审判。为此会出现一个光的宝座，坐在这个宝座上的是最高法官。"（勒南 1873，356）

[2] EH 偶像的黄昏 1, KSA 6, 354。

[3] Apk 21, 1.

在其神化中脱颖而出的人，都会在他后花园的某一世界里闲庭信步，也许是内部世界，也许是外部世界。无论哪一个世界都迎合他，都以臻于完美的、逐步升华的神化来迎合他。这一神化同时也是他个人的神化。完成了创世的"懒散的"造物主——暗示"上帝"的转型——就是在葡萄收获和节庆的神化季节所属的上帝。沿着波河的踽踽独行者自认为成了撩人的造物主，自认为是集"辩护"和"救赎"于一身的完成者，因而他也是胜利成功的狄奥尼索斯。

叙事的圈子随着未来上帝的主显节而关闭了。而今，"在这个圆满的日子，一切都成熟了，不仅是葡萄变成了褐色"[1]；从这里开始往后回溯，上帝已经满怀感激地讲述起他的生活史来。

不过路途还没到达尽头，正如在价值重估结束之后自己的事业远远没有结束一样。在尼采要严格按照时间顺序完成的事业接近尾声时，正如格罗德克（Groddeck）以及其他学者注意到的，尼采展示了《瓦格纳事件》这一著作。该著作早在《偶像的黄昏》之前就已经发表了。[2]这么一来，他就为"内心叙

---

[1] Apk 21, 1.
[2] Groddeck 对作品结构性的描述补充说："我认为对自我诠释的行列进行调整并非偶然，因为最后一章的标题由此在布局上得以阐发；第一章和最后一章能相互呼应。"（Groddeck 1984, 329）

第十四章 背负十字架

事"创造了影响深远的毕生巨著。他将这平生的著作标示为框架内的著作,并转向艺术宗教的先知,但最终还是离开了这位先知。人们在这里忽略的是自我形象的变化,后者是与"内心叙事"这最后的章节联袂而来的。而对于这个在第七天无所事事、优哉游哉的上帝来说,其天启神化的时刻乃是"受难史"的开始。"受难史"主导了这一章节:

> 要是正确对待这篇文章(《瓦格纳事件》),那么定会为音乐的命运担忧,就像为尚未愈合的伤口担忧一样。如果说我为音乐的命运担忧,那么我担忧什么呢?我担忧的是,音乐已然失去了美化人世、肯定人世的特点,——它成了颓废音乐,不再是狄奥尼索斯的笛子了……要是对音乐的事业一往情深,觉得是自己的事业,是自己的情感史,就会认为这篇文章严谨节制,温和有度。[1]

如果将说"是"与神化尘世等同起来,并且两者显现为对颓废堕落的克服,那就意味着尼采在《反基督者》中所阐发的思想用简单的几笔便可再现出来。这就是狄奥尼索斯耶稣的形象,耶稣的狄奥尼索斯的形象。那么到底是什么阻碍了狄奥尼

---

[1] EH 瓦格纳事件 1, KSA 6, 357。

索斯的魔笛重又鸣奏呢？又是什么阻碍了说"是"的尘世神化的王者归来？此乃与（不仅仅是音乐方面的）颓废堕落进行持久博弈的结果。这也就是耶稣自我磨难的原因；尼采曾在自传里将此说成是耶稣自己的受难史。

以第一人称叙述至最后，重又以意想不到的速度进行，从而使得叙述具有很大的张力；这种张力也就是在《反基督者》中业已使其成为对耶稣进行超越时代的刻画时的叙述张力。结果呢，乃是无可超越的危机登场，此乃精心表现的角色与其敌对环境对峙的必然结果。

在《瞧，这个人》的最后几段里，像是不经意地出现了对眼看就要到来的被钉十字架进行监管的情况，这似乎是一个不祥之兆。谁人要是给人类定下什么律条，那么至少在表面上就是把"善人"钉在十字架上，回顾一下查拉图斯特拉即可领悟。这是因为：

> 善良的人——是不能创造的：他们总是终结的开始：——他们将新价值书写到新黑板上的人钉在十字架上，他们为了自己牺牲了未来，——他们将人类的前途钉在十字架上！[1]

---

[1] EH, 6, 369, 逐字逐句来自 Za 3, 26, KSA 4, 266。

第十四章 背负十字架

那个以"反基督者"自许、将其新的价值观重新书写一番,并"穿上法律的外衣"来对抗基督的人不也是如此吗?他如今是个凯旋者,难道他应该一步步走向十字架,并被钉在十字架上吗?这当中发生了什么?

主角的形象让人凝视良久,久而久之重又活动起来。文本中第一句话所宣示的"预见"开始实现了;时间到了。"在预见中"已经开始了,我每每向人类提出要求,这次我不得不向人类提出最艰难的要求,这次我定要宣告,"我是谁"。这是那个写手干的,他连篇累牍地写。在写作的过程中,圣像的模板显露无遗。标题就已经透出这一模式。在最后一段,最终可能已经固定下来的图像还在继续调整。

这一切发生于一个极小的细节之中,在其最喜爱的表述方式的变换中。在他同时代的文本里,尼采以其最喜欢的表述方式宣告了他的自我神化。他说:"人类的命运就在我的掌控之中。"在《瞧,这个人》和《瓦格纳事件》里,尼采以另外一个短语替代了这一特别有效的结束语:

　　因为我肩负着人类的命运。[1]

---

[1] EH 瓦格纳事件 4,KSA 6,364。

第十五章　上帝在人间

行将崩溃的尼采于1889年1月匿名撰写的书信中,以及在为《狄奥尼索斯颂歌》写的后记里,他叙述上有所变化的耶稣角色,可说是有些极端化,也可说是已臻功德完满。其中有一通超越了理智与疯狂界限的书信,可谓一篇双重意义上的"尼采文本"。[1] 他自己会阅读每一个句子,并将所引用的内容一同重新纳入自己的文本,使其与文本中的戏言挂起钩来;诗学的和《圣经》的、神话学的和自传的预设,相互吞噬,形成一种新型的形象。

尼采晚期著作中一再当成概念论说的,并与神话叙述模式相联结的,乃是一种名称,一种在叙事棋盘上可以走动的棋子。这些名字昭示着各种各样的人物,他们都有自己独特的历史,他们的关系盘根错节,在前面的著作里曾经显现。乍看令人摸不着头脑的,有着双重含义的,在写作过程中开发出来的密码之舞跳荡其间,直到最后一通信函都贯穿着这种精细的编舞术。

---

[1] Klossowski 1986, 329 ff.

第十五章 上帝在人间

当尼采将以前的女友玛尔维达·冯·梅森布格一再称为"坤德丽"(Kundry)时,他是在解释《瞧,这个人》中隐而不露的暗示;他是在唤起瓦格纳的《帕西法尔》中那个与被钉十字架者的受难史有着紧密联系的场面。如此一来,他便站在了受难的耶稣的立场上,从而标示出皮拉图斯"瞧,这个人"一语所开启的事件得以持续。被嘲笑者,同时也是救赎者,其威力至今尚处于隐蔽状态;从这一点来说,他又使那种他在《反基督者》中在同样暗示帕西法尔的情况下将其作为纯粹白痴之体现的品质归于他的耶稣。白痴将把嬉笑着,暗中却受苦受难的坤德丽解救出来。变形为耶稣的狄奥尼索斯和变形为狄奥尼索斯的被钉十字架者乃是同一个角色的不同方面。

叙事模式以一种机械般的精确与"我"的视角相互紧密地咬合在一起。

> 大家都知道玛尔维达就是坤德丽,可她还是有着百变之身,因为她对我也曾关爱很多〔……〕;她在世界地动山摇之时,曾大笑不止。
>
> 被钉十字架者[1]

---

[1] Nr. 1248,1889年1月4日,KSB 8,575。

尼采曾在给他女友的信中这样写道,在他看来是女友变心了;在这里,尼采将帕西法尔插曲当成了瓦格纳遭到嘲笑的对受苦受难的耶稣事迹的改编,以及《圣经》中关于女罪人的场面。耶稣原谅她的罪孽,因为"她爱得很多"。[1]信件要是签署了"被钉十字架者",那么这一签名就不仅是发疯者的配料,也不仅是行将暴发的疯病的征兆(这是很有可能的),而且也是安排好的故事,或者说是重新安排好的故事的组成部分。如若这位写信者在信中将科西玛·瓦格纳多义且神秘地称为阿里阿德涅,那么就会使人觉得这是狄奥尼索斯神话的变体:被掠走的公主由她原先的恋人狄奥尼索斯从忒修斯手中解救出来的故事。[2]须知,尼采是研究古典语文学的,他是他本人神话戏剧的导演,也是戏的主角,还是观众。瓦格纳"舞台艺术节"中的艺术哲学的新神话被捧得太高了,这在坤德丽—帕西法尔—演出中有所体现。同样,围绕着瓦格纳和尼采的个人神话(在特里普什共同生活的神话)也被大大夸张了,以至于这个神话被整合入狄奥尼索斯悲剧之中。如果说最后他写信给"阿里阿德涅公主,我的恋人",告知

---

[1] 在19世纪路德所译《圣经》中,耶稣对Petrus说:"所以我对你说,你们宽恕了许多罪责,因为她爱得很多。"后来路德新的版本改为:"你们宽恕了很多的罪责,所以她向我表示很多的爱。"
[2] 如DD中的阿里阿德涅的哀叹;传记方面的关联,参阅Borchmeyer 2008。

第十五章 上帝在人间

她,他被钉在"十字架上",并将他的《瞧,这个人》连同这封告白信一起寄给她,要求将该书冠以《快乐的福音》的名称在拜罗伊特当作"对人类的通谕"来出版,那么他就是将有关救赎者狄奥尼索斯的人物方案与在神化的光照下重临的耶稣的方案联结了起来,一如他在这一著作及其先行者的书中所展示的那样。同时,他再一次坐上了拜罗伊特艺术宗教弥赛亚的交椅,他就是不可超越的救世主。[1]即使在由于接受者的缘故而使人物有些变幻的情况下,这种变幻也遵循着神话学的叙事逻辑:"被钉十字架者",用查拉图斯特拉的话来说,请教他的门徒(也就是说,"向所有这些在这未被发现的时代里发现了我的个人请教")[2]——而狄奥尼索斯则转向了他的"萨蒂",关键在于,同一个角色的分配在两种常新的、跳荡的叙事中变换着,最后融为一种叙事方式。

在这些另类的签署中,在先前著作中所预备的,综合为一种宏大叙事的资料始终扮演着主要角色。这里显现的乃是愈益强调的"自我",在维护"自我"的进程中,它又分散为各种不同的角色,比如"狄奥尼索斯""反基督者",或"被钉十字

---

[1] "上谕"(breve)是教皇所写下的简短的公文,另外还可以称作"教谕"(bulle),后者没有那么郑重正式。尼采也常常使用这种表达方式,甚至在 FW 3, 123 中也使用过(谈教皇列奥十世的谈吐,KSA 3, 479)。
[2] Nr. 1210, 1888 年圣诞节, 致 Overbeck, KSB 8, 550。

架者"。[1] 这些签署使人想起形形色色名字的意义，在这些签字的文本中，叙事悄然进行着。[2] 慢慢地，正是在新旧交替之际（历史时代的转折点上）[3]，有一个角色占了上风，那是业已死去的上帝的形体。

在这些悲伤的、令人亢奋的文本中，人物们你方唱罢我登场，角色转换好不热闹。但到头来总会归结为这样的结果：回归《反基督者》中所设计的耶稣形象，至少在我看来无疑是这样的（这与 Salaquarda 有所不同）。[4] 这是作为"狄奥尼索斯"的反基督者意义上的"被钉十字架者"。这些签名，连同其令人不寒而栗的结论，都产生于尼采对耶稣不断改写的核心图像和叙事方式；私人语言的最后话语也总是以减缩为目标，这私

---

[1] 洛维特曾误以为："尼采是在发疯之后'才以狄奥尼索斯被钉十字架者'来签名的。"（Löwith 1987a, 474）

[2] 这一点与 Ross 1994 年所发表的观点有所不同。在尼采最后的文本里，上帝所有的形象和定语都与狄奥尼索斯有直接关联。我认为，正是文本将认同划归为异质性的坚持，才与排他性的认同处于对立的位置（Klossowski 1986, 360 ff.）。

[3] 面对他的出版人 Georg Naumann，他于 1888 年 12 月 28 日悄声暗示："新年好——祝我们俩都好……"（Nr. 1216, KSB 8, 556）并在 1888 年除夕对 Köselitz 说："当收到您的贺卡时，我在做什么呢？那是在卢比孔……"（Nr. 1228, KSB 8, 567）

[4] Salaquarda 1996a. Janz 1978/1979, Bd. III, 31-33.

第十五章 上帝在人间

人语言早就由有说谎癖的自说自话者发展起来。[1]

1889年1月1日,尼采首次以"尼采·狄奥尼索斯"来签署,也是在这同一天,只签署为"狄奥尼索斯";紧接着,他又首次以"被钉十字架者"来签署。出于同样的动机,就在同一天他给科西玛·瓦格纳写的"阿里阿德涅"书信的结尾处,他这样写道:

> 我在印度人当中是佛,在希腊人当中曾是狄奥尼索斯〔……〕,不过这一次,我则是战无不胜的狄奥尼索斯,他要使全球变成节庆……我来日无多,有我在,上天感到欣喜……我也被钉在十字架上……[2]

从1月4日开始,两种签署方式交替使用:在13通便函里有7通签以"狄奥尼索斯",6通签以"被钉十字架者";在给科西玛·瓦格纳的便函中,签署的是"狄奥尼索斯"("这次战无不胜的狄奥尼索斯"),从他这方面来讲,他又自称是"被钉十字架者"("我也被钉在十字架上……")。在致雅各布·布克哈特的信中,他所签署的名字是巴塞尔的"尼采"教授,这位

---

[1] 只有在这种情况下才能感知策兰无法比拟的最后的诗篇。
[2] Nr. 1241, KSB 8, 573.

神圣的唯美主义者的角色转换在这里可说是达到了高潮,他完全变成了被钉在十字架上的创世者的形象,他要建立自己的王国。尼采这封信末尾所签的日子是1月6日(猜想是在此之前写的),这一天是主显节,要举办圣餐仪式,基督降临,打破世界的黑暗,给世界带来了光:

亲爱的教授先生,

……

最后我要说,我宁愿做巴塞尔的教授也不愿当上帝。不过我也不敢使我的利己主义大加膨胀,以致他创世的事业停顿下来。教授先生,您看,人们不得不做出牺牲,生活的常态即是如此。

〔……〕

我身穿学生装到处游荡,拍拍这个人或那个人的肩膀说:……

我让人将恺法*戴上脚镣手铐严加看管。去年我也被德国医生送上了十字架。威廉〔,〕俾斯麦和所有其他反犹者全都给驱逐出境。[1]

---

[1] Nr. 1256, KSB 8, 577 ff.
* Kaiphas,犹太教大祭司,哈拿的女婿。——译者

第十五章 上帝在人间

犹太教大祭司[1]与当权者都被强人剥夺了权力。强人至今还是众人未识的被钉十字架者，可他最终还是赢得了胜利。大祭司曾是将耶稣判处死刑的共犯。

"被钉十字架者"：尼采的签署可说是胸有成竹、出人意料、充满激情，这与他的叙事方式一致。[2]签署标示出分裂的狄奥尼索斯—扎格列欧斯[3]、与其父为一体的"圣子""凤凰"[4]、跳着舞的查拉图斯特拉、瓦格纳的帕西法尔等在圣像中所占的份额。而今，自我面具大多慢慢揭开，1885年以来，尼采便规划了具体步骤，他曾说："从根本上来说，在历史中的每个名字都是我自己。"[5]

---

[1] 他就是那个在《约翰福音》中悄悄宣称耶稣之死乃是救世的表现："我们其中的一个，Kaiphas，一位高级祭司对他们说，为了众人而一人死去，胜过大家同归于尽。"（Joh Ⅱ，49 f.）
[2] 耶稣被钉十字架图像的主导性元源自"耶稣"和"狄奥尼索斯"的不对称：前者是一个轮廓分明的角色，后者则是一个晚期作品，一种讽喻性的拟人化（EH 查拉图斯特拉如是说 6，KSA 6，345）。只是《狄奥尼索斯颂歌》才还以神话角色的清晰性。
[3] 关于这个神话，尼采在致布克哈特的信中提到科西玛·瓦格纳，说她是阿里阿德涅，KSB 8，579："对于科西玛……所留下的乃是……阿里阿德涅……时不时被魔化一回……"
[4] Nr. 1181, KSB 8, 515.
[5] 致布克哈特，Nr. 1256, KSB 8, 578。1885年3月，尼采写信回复 Heinrich von Stein 这样一个问题："我究竟是一个什么样的人？"尼采回答说："我总是戴着面具示人，这几乎成了我的命运"；Nr. 584, KSB 7, 26。"从根本上来说，我是历史上的任何一个名讳。"这句话对于尼采写作中的合理性与连续性给出了有益的例证，即使在接受史过早地为诊断（转下页）

每一个名字,而非每一个人:在这里说的都是"我",签署者心里也明白。一方面,"尼采"之名而今只是一个语言游戏的标签,就如同"这一信仰在所有神话叙事中的所有信仰中位列最高,我用狄奥尼索斯之名为其施行洗礼一样"。[1]另一方面,所有这些签名并不是要取代有些过气的"我"的位置,它们只是"我"的不同变体的表现形式,这些信函对此给予极大的重视。这是从一种神话角色基座精选和组合出来的叙事的角色模式,其基础则是宏大叙事。

对于1888年初的尼采来说,狄奥尼索斯和被钉十字架者的区别并不在于殉道问题,然而"同样的殉道各自有不同的意义"。[2]这样的对比是以尼采开始以其《反基督者》远远超越其所讲述的东西为前提的。自此之后,他便与耶稣受难的保罗祭品解释拉开了距离,却与狄奥尼索斯—耶稣经验接近起来。

(接上页)所干扰时也是如此。在《瞧,这个人》中,他已做好了准备,通过作者的确立,他的这个自我是一个硕大无朋的复数(EH 我为何这么聪明9,KSA 6,294)。他往往说到"叔本华、瓦格纳或者是尼采……"使人感受到"复数"的况味(EH 不合时宜者1,KSA 6,317)。在1881年秋的手稿记录里,尼采写道:"感动过查拉图斯特拉、摩西、穆罕默德、耶稣、柏拉图、布鲁图斯、斯宾诺莎、米拉波多的,我都经历过;有些事物,天光一亮,在我心中就会成熟,而这些东西形成胚胎却需要数千年的时光。"(KSA 9,15,642)

[1] GD 一个不合时宜之人的随想49,KSA 6,152。
[2] 遗存记录,1888年春,KSA 13,14,266;Salaquarda 1996a,297。

第十五章　上帝在人间

后者在肯定一切的欢呼声中化解了所有的对立，直至生死之间的对立。他最后的签名完善了这种融合。它们粗看起来是属于同一级别，可以彼此替换的，不可理解为非此即彼；可它们只是交替出现。

"我"成了语言游戏，有人认为这是对旧世界的大清算；早在《偶像的黄昏》中就已进行的清算。而今，"我"从语言游戏中应运而生，它独断独行，天马行空，在尼采面前变成了主体。"我"从建构上分裂为讲述的、倾听的和被讲述的"我"，这种做法始于《瞧，这个人》序言中的这个句子："就是这样，我把我的生活讲给我自己听"，在"游艇小曲"中则有了变化。以后的信件愈益简短，叙事也愈益采用不同的口吻。这当中，"我"处于自说自话、自我倾听的地位，倾听者也包括越来越多新的收信者，尽管尼采并没有寄发给其中的很多人，所以一些读者是虚构的；在这些信件中，尼采所描述的亢奋喜悦的心情乃是他不再陷入自说自话的境地。一方面是变形了的实存之我，另一方面则是而今才以威严的单数来讲述的、独断独行的"自我"（Ego），它们之间的差异得以保留，特别是在追索"我是作为 x 来讲述我自己"的套语时。就是这个写作者，曾是一位作为上帝的爱心满满的巴塞尔教授，可他还是没有胆量"将私人的利己主义推行到如此地步，以致使其创世活动停顿下来"。尼采向其老朋友雅各布·布克哈特诉说道："我是威陶利奥·伊曼努尔,出生于卡利克拿瑙王宫;罗比兰德伯爵曾参加我的葬礼,这位旁观者又把我分成形形色色的'我',我成了我自己的'儿子',假如我是卡尔洛·阿尔贝托的话。同时,我还是建筑师安东内利,因为此人就是'我自己'。这样一来,被讲述的我分化为一个死人,此人此前肯定是签署此信的尼采,继而又以另外的形体出现,是他自己葬礼的旁观者,最后是有着神圣感的、自觉的、写信的尼采。"这个尼采将所有的"自我"放射出去,并对其进行掌控,再一次强有力地说:"son dio."

当从前的"上帝死了"的宣告者自己也变成"狂人",业已受到启蒙的无神论者令他难以适应之时,这位作者却通过解构逻辑和句法来捍卫这样一种语法:囊括一切神圣的、具有凝聚力的角色扮演的规律。《瞧,这个人》语言中的"理性":"这是怎样一个爱说谎的女人啊!"这位《偶像的黄昏》的作者曾这样写道:"我是真怕,怕我们无法摆脱,因为我们还相信语法……"[1]而今他彻底摆脱了理性的欺骗,于是他自己便以"狄奥尼索斯"与"被钉十字架者"化身为上帝,要求信仰一种以变幻的模式不断重复着的古老的叙事语法,一个新的角色从新的语言中脱颖而出,他又叫"上帝"。

毋庸置疑,这些签字也可以从心理病理学角度加以解释:

---

[1] GD 5, KSA 6, 78.

第十五章 上帝在人间

签署是来自心理过程震颤感觉的表现；过程发生于背部。[1] 在对尼采的诠释历史中，整个 20 世纪都在做一件事，即以不同声调来捍卫这样的观点，这似乎已成为共识（communis opinio）：这些写给不同对象的最后的信件只是"尼采人格解体"的明证，再无其他意义。[2] 从医学角度来看，情况大概就是这样；自我神化乃是自大狂发作的表征。正是由于这个原因，各方面情况愈益陷入混乱的境地，以致最后一封信整段地脱离正确的句法，语言也愈益难以掌控。如果把这些信件文本都减缩为发狂症状的结果，那么如何看待最后的语句虽支离破碎，却还总念念不忘角色扮演与神话的安排呢？——而这些在作为反身性的与叙事性的行为的此前的著述中已经做了准备。（一旦进入语言进程便被纳入其自身的运动规律。）

"快乐的福音"在传播，令人欢欣鼓舞，突然间有一种危机感油然而生，而这并非世界末日，只是自己的虚脱。这位反基督者曾对他信赖的朋友，化名为彼得·噶斯特的科萨利茨说："我现在还是认识不到，开始于'瞧，这个人'的我生活的悲剧性灾难，为何愈演愈烈。"[3] 在如此短暂的时刻里，

---

[1] Volz 1990 对物质与观察范围的研究。
[2] Volz 1990, 255；萨弗兰斯基 2000；Ross 1994 以及多数传记作者。
[3] Nr. 1192, 16. 1888 年 12 月 16 日，KSB 8, 528。参阅致 Overbeck 的信。Nr. 1222, KSB 8, 559.

对其灵魂深处的想法也只能进行揣想：此时的尼采身体虽然垮了，可他还有很强的思考力和讲述能力，眼看自己一天天力不从心，他将他参与的事儿与在他身旁发生的事儿解释为自己身心的紧急状况，解释为从前只是理论构想所述及的紧急状况；于是，他作为一个角色进入神话的境地，进入迄今为止也只是在文本中勾画过的这一境地。

就是这个行将崩溃的人，一直保有坚忍不拔的作诗能力，这样的能力使其书信充溢着诗情，使人能够读出"被钉十字架者"的形象，后者可以视为角色和在角色中凝聚的神话情结的核心。于是狄奥尼索斯—扎格列欧斯的形象便交替出现，到头来取代了"反基督者"[1]与"巨型怪兽"[2]的位置。而这一点又通过阅读作为神话变体的《新约》中关于世界末日的预言书而得到证实：对尼采来说，这并没有带来中断，而是强调了他所称许的东西。

被钉十字架者与狄奥尼索斯融合为狄奥尼索斯式的、神化的耶稣，是在《反基督者》的反叙事中开始的，而在尼采

---

[1] Nr. 1173, 1206 和 1211（KSB 8, 504, 544 和 551）。
[2] Nr. 1175 和 1187（KSB 8, 507 和 522）。"怪兽"是形容根据 Johannes 的想象，世界末日在地球上出现的动物："我看到一个动物从海面上慢慢升腾，它有十个角，七个头；在它的角上有诗歌冠冕，在它的头上有很奇怪的名字。"（Apk 13, 1）

第十五章 上帝在人间

这些最后文本有力的叙事中臻于完美,用的是第一人称。在与基督教进行的斗争中,上帝之死的宣布者的名字重又出现在这里,没有厌憎、没有禁止、没有讥讽。1889 年 1 月 23 日,他的《狄奥尼索斯颂歌》完成,就在这一天,他写信给梅塔·冯·塞丽丝:

> 世界神化了,因为上帝在人间,您没有看到,普天之下都欣欣然?[1]

签署为"被钉十字架者"。就在同一天,尼采还写信给科西玛·瓦格纳,这位被困于拜罗伊特弥诺陶洛斯迷宫的"阿里阿德涅":

> 你应将对人类的通谕在拜罗伊特出版,标题为"快乐的福音"。[2]

次日他写信给海因里希·科萨利茨(笔名为彼得·噶斯

---

[1] Nr. 1239, KSB 8, 572. 这封注明日期的信是给科西玛·瓦格纳的,只有一句话:"有人告诉我,一个绝妙的小丑竟能对付《狄奥尼索斯颂歌》……"(Nr. 1240, KSB 8, 572;参阅对 DD 的评论,KSA 14, 515)
[2] Nr. 1242, KSB 8, 573.

特),他作为音乐家为新的《诗篇》谱曲,并以耶稣复活的名义结束了搞笑的拜罗伊特艺术宗教。

尊敬的音乐大师

请为我唱一支新歌:世界已被神化,
普天之下都欣欣然。

被钉十字架者[1]

耶稣曾教导反基督者说,"一个人必须如何生活,才能使自己感到'上了天堂',才能使自己感到'永恒'"。[2]就是这个反基督者,曾这样写到被钉十字架的耶稣:而今,他,签名为"被钉十字架者"的他,宣称神化的世界就是这个王国,"因为上帝在人间","福音恰恰是这个国的存在、实现与真实,

---

[1] Nr. 1247, KSB 8, 575.《诗篇》96:"你们要向主唱新歌,全地都要向主歌唱!"这两句诗正像是针对那些友好的、一再反对瓦格纳的作曲家而写的,这一点正好使得拜罗伊特的艺术宗教更加彰显。除此之外,无论是在这里,还是在最后扩编的《狄奥尼索斯颂歌》里,都会感受到来自1886年悲剧著作《试论自我批评》的自我警示的反射:"她本应歌唱,这颗新的灵魂,不要说话!"(KSA 1, 15)
[2] AC 33, KSA 6, 206.

第十五章 上帝在人间

这样一种死亡也正是这个'上帝之国'"。[1]反基督者将父亲的布道演讲说成是与布道和思考人物相似的神秘人物,说成是所有事物的总体—神化—联结;而儿子的话语则是进入这种联结的"准入"证,是"永恒的感觉,完满的感觉"。狄奥尼索斯的被钉十字架者充满这种完满的感情,充满着"爱心生活。这种爱没有折扣、没有排除、没有距离";在这样充满爱心的生活里,他与天父终于融为一体。(破坏性的)反基督者在世界末日的转折时刻,曾与上帝古老的形象,连同其古老的两个世界的学说,连同其罪与死的说教,进行艰苦的斗争。而今,上帝古老的形象已荡然无存。新世纪的曙光已经显露,(类型化的、建设性的)反基督者凯歌高奏。不再只是快乐的信使,这位即将到来的王国的预报者也是来者,是在神化的世界里的已经到来的上帝。

这些署以假名的书信经过重新整理、语义上的重新编码和重新布局,使人认出"被钉十字架者"到底是何许人,此人就是尼采在《反基督者》中所揭示的那个人,他在最后的签署中就是那个"我"。签以假名的书信,经过无数次推理和相关性的查验,而今结束了反基督者的叙事。"救赎者的反类型"在

---

[1] AC 40, KSA 6, 214.

《瞧，这个人》结尾时曾将"人类的命运当作他的十字架扛到自己的肩上"，并提醒人们，在不久之前，他本人曾被钉在十字架上。被钉十字架本身，在这些最后的文字里"似乎"没有一处得到直接的呈现；在《瞧，这个人》结尾处，被钉十字架所宣示的乃是已经开始的去往各各他的道路的终结。而后又在书信中直接描述起来。此处签名为"狄奥尼索斯"和"被钉十字架者"的那个人已经死去，连那个"快乐的信使"也寿终正寝。而今他神采飞扬、朝气蓬勃地活在这个连最尖锐的对立也开始土崩瓦解的世间。就是这样一个复活者，永忠于人世间，不仅为了他，同时也是通过他使得人世间神化，以至"普天之下无不欣欣然（而不是相反）"，就像是在圣诞的福音中的天使唱诗班，就像是在复活者坟茔边的天使，就像是狄奥尼索斯神秘仪式的合唱队对撕裂者的生之乐的欢欣。在此情此境之中，复活者得以飞升上天。于是"快乐的福音"来到。"快乐的信使"与它融为一体；而今必须为他唱首歌，唱"一首新歌"。

在"安灵弥撒曲"（Requiem aeternam deo）[1]曲终人散之际，"狂人"让人唱一支新歌，一支献给正在路上的重临的上帝，上帝变为他的形象，在他的演讲里，可以听到上帝的话语。于是刚刚还是被错认、被嘲笑的人，在他新的王朝里就要

---

[1] FW 125, KSA 3, 482.

第十五章 上帝在人间

重登他早已宣示的宝座。[1]在这些最后的信件里,"被钉十字架者",简直就是"死去的基督",他君临天庭之上,俯视下尘,说着金玉良言,活脱脱就是一个上帝。

---

[1] 致奥古斯特·斯特林堡,1888 年 12 月 8 日,Nr. 1176, KSA 8, 509 ("治理世界的语言");在同一天致梅塔·冯·塞丽丝。Nr. 1177,同上书,510 ("我本人很快便会治理世界");致 Casrl Fuchs, 1888 年 11 月 12 日, Nr. 1187,同上书, 522 ("从现在起我治理世界");在新年来临之际,致 Julius Kaftan, Nr. 1218,同上书, 556 ("两年之后,你们将不会有任何怀疑,我从现在起开始治理世界")。

第十六章　还真有末日审判

尼采最后最长的一封信是写给他以前的朋友雅各布·布克哈特的，是想与他进行一次亲切坦率的交谈。信中描绘了"这个上帝"的形象。既有严肃的成分，也有戏谑的因素。说真的，这个上帝就是亲爱的"巴斯勒教授"。要是这位老朋友允其所请，那他们定会酒逢知己，把酒话旧，不消说，至少一瓶菲特酒，且无须正装革履。尼采觉得自己回归上帝的角色，觉得自己就是上帝。他喜欢和人交往，喜欢和那些知心的老朋友相往还；对他们过的日子还真有些羡慕呢。他亲切友善，大方好客而又寂寞孤独。他压根儿不想与人争论，更不用说和人论战了。很显然，即使没有争吵，生活已足够使他精疲力竭了。他甚至把在大街上经历的污言秽行也当作自己应该出头的事儿，他曾想触碰一下弱者，然而相反，他拍了拍弱者的肩膀，顺势宣示他自己的神圣性，宣称自己就是造物主，这种奇怪的失败的造物，"questa caricatura"，也出自他的手。

在《瞧，这个人》中，他展现了这样的前景："定会爆发

第十六章 还真有末日审判

地球上尚未爆发过的战争"[1],在世界形势转折的眼下,战争还局限于消灭冒牌的达官显宦;没有说到灭绝、世界大战和大屠杀。"正义对'神圣的谎言'所发动的战争更胜于任何其他谎言。"[2]正义到头来进行的是没有杀戮的战争。

反基督者对刚刚加冕的威廉二世皇帝可说是青睐有加,将其视为基督教的人格化,虽然没有提名道姓。他在《反基督者》第38节首先做出这样的宣示:"在当今成为基督徒是令人蒙羞的,这会催人呕吐",后来他对此说得更加具体了:

> 一位年轻的公爵,正处在执政的鼎盛时期;面对臣民他自私自利、骄奢淫逸、挥霍无度,可他仍然不知羞耻地自称为基督徒!……这样的基督教到底在否定何人?"尘世"又为何物?[3]

而今,在其最后的信函中,"被钉十字架者"开始对基督教的形形色色的建构的表现形式进行审判;对天主教的尘世教会进行审判,对文化新教和反犹太意识形态的国家进行审判,对国

---

[1] EH 我为何是命运1,KSA 6,366。
[2] AC 36,KSA 6,208.
[3] AC 38,KSA 6,210f.

教进行审判。更有甚者,在光天化日之下,上帝光华灿烂地回归"人间"(无论从狄奥尼索斯的角度,还是从查拉图斯特拉的角度来说,上帝都是"忠于"人间的):这与对冒牌先知进行审判是一致的。"上帝之国"携带着所有事物的狄奥尼索斯式"整体幸福的感情"(极乐)返回尘世,向那些假冒为"不属于尘世者"发动攻击[1],以捍卫这个"上帝之国"。他再次引证他于1889年1月3日给梅塔·冯·塞丽丝小姐的信,全文如下:

> 世界美妙幸福,因为上帝就在人间。您没有发觉,普天之下无不欢欣鼓舞?我从我的王国里夺得了我的财产,将教皇扔进监狱,并把威廉二世、俾斯麦和施忒克一一枪毙。

被钉十字架者[2]

"〔……〕施忒克":霍亨索伦家族乃普鲁士王朝的统治者,尼

---

[1] 所谓的世界末日结局,既与犹太教和基督教的宗教理想主义相抵触,也与历史哲学世俗化的历史相抵触。Birus 依照德里达的对世界末日的解构来解读这个转折点(Birus 1996, 57)。
[2] Nr. 1239, KSB 8, 572.

第十六章 还真有末日审判

采在最后的表述中从来就是将其当作反犹国家宗教的国家意识形态来看待的。路德教派就是毁在这位宫廷布道者手中。（格罗·曼对这些信件中所表露出来的普鲁士批评者的尖锐目光很是敬佩。）[1]尼采视格奥尔格·布兰德斯、奥古斯特·斯特林堡这些新的朋友、战友和崇拜者为当权者的对头，是站在他这被钉十字架者一边来反对十字架的人。早在11月20日，尼采就告知他的崇拜者布兰德斯说，他进行了一场"谋杀行动，丝毫没有顾及被钉十字架者的反应"，简直是对"一切基督教的东西或者说一切受基督教感染的东西开火"，使用的武器乃是他那部名为《瞧，这个人》的作品。[2]他问道：

> 大家猜猜看，在《瞧，这个人》中，谁人的待遇最差？面对基督教，模棱两可、暧昧不明，到底是何等样人？是哪个种族最该加以诅咒？他们乃是德国的大人先

---

[1] 参阅 Golo Mann（1909—1994，德国历史学家，托马斯·曼之子）(1958, 472)，他曾对尼采批评威廉二世表示钦佩。

[2] 这里反问句的双重含义显而易见，在《反基督者》中，在与基督教——从"福音"到十字架直到基督徒词汇本身——核心概念打交道的过程中，这种意义被引入。从教会教条的与"反基督者"相反的意义上来说，所有这些概念都可以使用。说到"突然袭击"而毫不顾及"被钉十字架者"，这人已经失去了知觉，可说已经是一个死人；"突然袭击"并非针对"被钉十字架者"个人，相反，它针对的乃是进行歪曲的重新解释。

尼采最后的文字

生们![1]

曾被设想为样板而加以宣扬的《反基督者》版本,如今在反基督教活动中成了不可企及的作品;该版本经他这个"反基督者"签名,给基督教以致命一击,同时也会对"德意志皇帝"造成致命打击。他将布兰德斯视为丹麦文译者,而将斯特林堡视为瑞典文抑或法文译者。[2]与此同时,他曾给皇帝和俾斯麦草拟了著名的信件。尼采要给这两人各寄一本《瞧,这个人》。最后他要以"信件宣战的方式"[3]公开表明自己是何等身份的人,在这些年间,他已经发展和认定了自己的角色。

尼采在1888年圣诞节的第二天给朋友欧菲尔贝克写信道,"在我制服年轻的皇帝及其臣僚之前,我是绝不会放手的"。[4]他是作为"反基督者"在给俾斯麦的便笺上签上了自己的名字;他是作为"快乐的信使"来向皇帝致意的。他这个反基督者是个"真正快乐的信使",他开启了魔鬼战争。在这场战

---

[1] Nr. 1151, 1888年11月20日, KSB 8, 482。
[2] Nr. 1170, 1888年12月初, KSB 8, 500。参阅致Köselitz的信,12月9日, Nr. 1181, KSB 8, 513;以及致Strindberg的信,12月8日,Nr. 1176,同上书,508。为了法语译文,他在同一天也曾致信Hippolyte Taine, Nr. 1179, KSB 8, 511。
[3] 致Strindberg,书信手稿Nr. 1176, KSB 8, 509。
[4] Nr. 1212, KSB 8, 551.

第十六章 还真有末日审判

争中,世界上所有当权派都会被"炸个粉身碎骨",人类的命运就取决于这场战争[1],战争完全有利于人类的命运。总而言之,(就像他向格奥尔格·布兰德斯所透露的那样)他觉得自己"进入了伟大的政治,甚至是最伟大的政治……",他在这里下保证说,"这是一次真正的末日审判"。既然这样说了,就一定要他信守诺言。[2]

只是针对教皇,他再一次转变了自己的看法;这位出身新教牧师家庭的子弟很可能也参与了示威性的路德抵抗。在《反基督者》的末尾,路德抵抗还沉醉于文艺复兴的辉煌。若是反基督者在《反基督教法》中还颁布这样的法令:"与教士共进餐饮者自我革除诚信社会"的话[3],那么"被钉十字架者"就会知会红衣主教马里安尼(Mariani):"我周二去罗马,以表达对其神圣的敬畏……"[4]就在这同一天,亦即1月4日,"狄奥尼索斯"告诉他的朋友欧菲尔贝克:"我已下令将所有反犹者

---

[1] 致威廉二世,书信手稿 Nr. 1171,1172,KSB 8,503;致俾斯麦,书信手稿 Nr. 1173,同上书,504。
[2] 致 Georg Brandes,书信手稿 Nr. 1170,1888 年 12 月初;KSB 8,500 和 502。
[3] KSA 6,254.
[4] Nr. 1254,KSB 8,577. 在这一天,他面对"我最亲爱的儿子 Umberto",意大利国王,说出了他的愿望:"我周二去罗马,拜望你和教皇陛下。——被钉十字架者。"(Nr. 1255,KSB 8,577)

枪毙……"[1] 两天之后,"弗里德里希·尼采"在其最后一封长信中就已经可以断言这一既成事实:"威廉·俾斯麦与所有反犹者已被清除。"[2]

历史的这一章节也随之结束。姗姗而来的上帝占有了他的领地。

---

[1] Nr. 1249, KSB 8, 575.
[2] Nr. 1256, KSB 8, 579.

第十七章　宏大叙事

我们对问题的思考至此已接近尾声，回顾走过的历程，从《反基督者》《瞧，这个人》直到笔名书信，这一系列文字都显示出一个宏大叙事的构架，就像纸上透明的水印花纹一样清晰可辨。这也是将古代的、犹太的、基督教的宏大叙事换一种说法的结果；这同样是一个漫长而复杂的过程。这是作为幸福神化史的耶稣受难史的模式，同时也是逐步揭露隐蔽的神圣性的模式。这种神圣性始于"偶像的黄昏"之后的狄奥尼索斯的反基督者的现身，它持存于对一种"真理"的发现过程中。这个"真理"也就是那个上帝，而那个"上帝"就是令人欢欣的永恒的"生活"本身。为了表达这种真理，需要一种新的语言。而这种语言使人们对那个头戴荆冠、受苦受难的男子产生了误解，并蔑视他。而这个男子不久便肩负起对他产生误解的人类的命运；语言在背负十字架者的凯旋欢庆中不断得以完善，而"被钉十字架者"处于神化的世界之中；它与分裂的狄奥尼索斯的扎格列欧斯合为一体；作为这个合成体的被钉十字架者便与反基督者完全等同了。这个反基督者就成了《圣经》中耶稣的反面,也是基督教会进行肆意歪曲的死敌。

这一事件意味着世界末日:迄今为止一直隐蔽的得以公开,这是一个时代的转折点。"正如我们所知的世界末日",持续不断的写作过程越来越销蚀了文本之间的界限:从《反基督者》中摘出一些表述置于《瞧,这个人》之中;将书中那些角色的表述逐字逐句改编到自己最后的信函中使之成为自己的言论。1889年1月2日,尼采给他的出版者寄去了《瞧,这个人》要进行最后修改的地方。翌日,亦即1月3日,他第一次签上了"被钉十字架者"的名号。

曾对瓦格纳的德国艺术宗教大加非难,说它追求的是表演策划效果的这位作者,由此却从叙事角色转化的人生之戏中重新获得令人极为振奋的艺术宗教的新形式。人们还记得,我们迄今所探究的,作者将其称为"我本能的秘密工作和艺术气质"(并将秘密在再一次的语言运用的矛盾中暴露出来)。在早期的尼采接受史上,他的晚期哲学中没有哪一部分像这一部分那样影响深远。他曾引用托马斯·曼来对此加以诠释:"尼采式好斗"导致"尼采凯歌高奏"[1];也正是他这一新的诠释,毫无顾忌地将头戴荆冠者庸俗化为多病的超人(1900年的藏书签表明,此乃欧根·比色尔为尼采著作选取的卷首插图),

---

[1] 评论说:"我们的尼采是好斗的尼采",札记3,精神和艺术,1967。

第十七章 宏大叙事

才使得这场策划成为引人瞩目的艺术宗教的策划。[1]

尼采的晚期著作以自我设计取代了以往对瓦格纳的盲目崇拜,也就是从这些自我布局谋篇中产生了在早期现代派中影响甚大的诸艺术宗教流派之一:将其英雄化和圣礼化,创始者乃尼采,而恩斯特·贝尔特拉姆*称之为"尼采神话"。这些接受史读起来充满着矛盾,令人有不同的感受。不过有一点是相同的:全都洋溢着宗教情绪。斯特凡·格奥尔格**在其《第七环》的庄严悼词中,将这个行将就木的人颂扬为"曾头戴血腥荆冠的圣人"。("啊,你就是救世主!可你是命运最不济之人——你创造了神祇,难道说是为了再将他们颠覆?")也正是受到这位落魄者"最后的寂寞"的启发,格奥尔格建立起名为"格奥尔格派"的艺术团体:

> 他来晚了
>
> 他恳求地对你说:
>
> 那里不再有越过冰冷岩石的道儿

---

[1] 这也符合学术和文学的尼采接受大趋势(Biser 2002, 26)。
* 恩斯特·贝尔特拉姆(Ernst Bertram,1884—1957),德国文学史家、诗人。——译者
** 斯特凡·格奥尔格(Stefan George,1868—1933),德国为艺术而艺术的抒情诗人。——译者

> 猛禽的窝——而今变得很急迫:
> 自我流放至圈子里
> 圈子以爱心来封锁[1]

一位尼采读者的诗也有类似的意境:

> 你这温柔的精神,喧闹扰乱不了你
> 你在攀登言说的高峰,
> 并非每人都有这样的才气
> 而今人人都失去:
> 瞧那对面的集市
> 都陷于迷途歧路里。[2]

与格奥尔格反其道而行之的布莱希特,1938年流亡中在这里看出了尼采攀登孤独寂寞的高峰之路的悲惨结局;像格奥尔格一样,布莱希特也走上了相反的路径。托马斯·曼于1947年曾以《我们亲身体验的尼采哲学》为题发表了一个演讲,也充满着类似的矛盾:"竟敢攀登死亡高地!……这使尼

---

[1] Stefan George:尼采(1900)。George 1983,作品2,11。
[2] 布莱希特1993,420。

第十七章 宏大叙事

采走向了不归路,使他备受折磨,最终使他魂断于思想的十字架上。"[1]

"对于我们这一代,"曾经误入歧途的牧师之子高特弗里德·贝恩*曾这样说起尼采,"他曾是这个时代的地震,是自路德以来德国最伟大的语言天才"[2]——这里需要提示的是,不是自歌德以来,而是自宗教改革家以来最伟大的德国语言学家;在语言和宗教的共同作用下爆发了这一次地震。在尼采的帮助下,年轻的布莱希特将其习得的基督教改变为狄奥尼索斯式的神人的富有活力的艺术,布莱希特称之为"巴尔"**[3]。假如后来的托马斯·曼将其德国罪责史当作罪孽与恩宠的比喻,那么他是在将其纤弱的缚魔绳构建为尼采式的艺术家。[4]

在尼采接受的轨迹里,所文雅化、粗俗化,或所扭曲、所明朗的,都在尼采最后的文字中更细致、更紧张地显示出来。最后的书信和手稿表现出耶稣—反基督语言应用的矛盾心理,矛盾的遣词用字呈现出人物的矛盾心理。这样便可以从书信各自的语境中看出签字的协调与侧重,签字具有形塑般的清晰。

---

[1] 托马斯·曼 2009,187。
[2] 贝恩(Benn)1991,198。
[3] 谈布莱希特的尼采接受;参阅 Grimm 1979。
[4] 参阅 Wimmer /Stachorski 2007,以及托马斯·曼 2009。
 * 高特弗里德·贝恩(Gottfried Benn,1886—1956),德国诗人。——译者
 ** 巴尔,闪米特人的气候之神和山神。——译者

只有将尼采这些最后的文字当作宏大叙事的结果和结束来阅读的人，才能认识到它们前后的一贯性。有些症状表现为疯狂的征兆，但从整体上来说，还是有着显著的叙述上的逻辑性。

这里出现的来自个别文本的，可视为长篇幅连续不断的文本的内容，首先来自《反基督者》，继而便是来自自传，最后则是来自使用假名的信件。所有这些都是一种叙事的新形式。如果说对反基督者的重塑工作意欲颠覆基督教数百年来直至19世纪末的历史叙述，并使死于十字架的那个基督徒的福音重又发挥作用，如果说这一修复工作在这个文本里也想进行形式上的展示，那么，他的文本就一定要通过叙事和为人熟悉的教会模式，通过伟大的基督教叙事，并试图将其翻转，并最终将其扬弃。叙事者也不得不以"反基督者"的身份出现，后者是在抗辩基督教意义上的反基督者，为的是表现为类型学回归意义上的反基督。在坚持不懈的解构工作中，他不得不讲述非编年的《耶稣传》，讲述紧接着的"非救赎史"；他不得不言说所谓的原罪和虚假的救赎，以便"人们顶礼膜拜的恰恰是与福音的源头、意义和正当性相反之物。人类通过教会概念奉为神圣的东西恰恰是'福音信使'弃于脚下、抛在身后的东西"。[1]为了达到所有讲述的终点，他必须讲述"终结所有叙事的叙

---

[1] AC 36, KSA 6, 208.

第十七章 宏大叙事

事"。[1]在满世界跋涉一圈之后,他如此这般来到了失乐园的后门。

"一些人,"尼采在《瞧,这个人》中关于他自己的事业写道,"是遗腹而生的。"在这同一文本中,关于自己,他曾说,"我仅仅是我父亲的再版,是早死父亲生命的继续"。欧菲尔贝克在都灵曾遇到过尼采,他对尼采曾有如下描写:"他给我的印象是,他好像坐在钢琴旁大声歌唱,无限度地提高自己的嗓音……他又以竭力压低的声音说出简短的句子;说出那些有关自己的高雅、奇妙、深邃和令人无限骇然的事儿,听得出,他是已死上帝的接班人。"[2]

---

[1] 这里是致 Blumenberg(Blumenberg 1971,31)。
[2] Janz 1978/1979, Bd. Ⅲ, 39.

后　记

在尼采《快乐的科学》第125节，尼采从宣布"上帝已死"中引出了这样的话："难道说我们自己定要变成上帝，以彰显此次事件的价值？"[1]查拉图斯特拉曾对"年迈的教皇"说，"亲爱的傻子，与其追随年老的上帝，还不如自己成为上帝。"[2]在尼采早期的写作里，这样的说法并不能简单地视为对所有宗教的终结，而是一种平衡：在宗教批判抑或基督教上帝批判与建立新宗教之间加以平衡。查拉图斯特拉呼唤"超人"，为的是建立尼采哲学下的新型宗教。迈克尔·斯考隆（Michael Skowron）在《尼采词典》"宗教"这一条目中这样写道。[3]我们在这里看到，在其长时间的写作过程中，他的自我神化采取了很多与先前完全不同的形式。紧接着查拉图斯特拉而来的"超人"便是被钉十字架者，同时又是天堂的极乐者；作为死

---

[1] FW 125, KSA 3, 481.
[2] 查拉图斯特拉在和"年迈的教皇"对话时有些半开玩笑的样子（Za 4, KSA 4, 325）。
[3] Skowron, NL, 301.

去的人转而复活为上帝；这个上帝不再眷恋权力意志，其狄奥尼索斯的回归超越了"救世主类型"——没有苦难、没有怀疑、没有诘难，生活在一种永恒的幸福之中。[1]

这些最后信件的作者是货真价实的"狂人"，"从心理学的角度来讲，他是个白痴"。在其对耶稣研究的选录中，尼采从一部陀思妥耶夫斯基的法语译本中摘录了下面这个句子："只有伟人或是白痴，才能抵制理智。"(il faut être un grand homme pours savoir résister au bonsens: un grand homme ou un imbécile.)[2] 这是一个心灵上有着严重疾病、行将崩溃的作者写下的最后的文字，那么，为何还要将读者争取到自己一边来，为何还要挑起对其进行阐释的欲望？

在对教会进行史无前例的猛烈抨击的最后的文字的阐释者中，恰恰就有两个教派的神学家，他们对于参与哲学宗教批判特别积极，可他们对历史上的耶稣也搜寻很多有用的、求实的原始资料，怎么会有这样的事儿呢？其魅力与精彩在何处呢？尼采最后的文字散发出来的魔力到底在哪里呢（"事实上，解释本身也是掌控的手段"）？[3]

---

[1] Michael Skowron Satz：尼采在"创作的最后又回到 GT 的原点"(Skowron, NL, 302)。
[2] KSA 13, 11[351], 153.
[3] 遗存札记 1885/1886, 2[148], KSA 12, 140。

后 记

这可能与以下情况有关：在现代学术（比如历史批判的《圣经》学）和宗教学与神话学的传统之间，在其语言游戏和论证形式之间确确实实存在着时代冲突，他们想亲自体验一下这种冲突；也可能与这种情况有关：用难以言表的，并为这一作者令人意外地加以复原的话来说就是，这里有某种真理会显现出来，不过这一真理需要等待，等待"理性"结束之时才会显现。这一理性乃是一个坑蒙拐骗的老女人。什么样的真理？对于他重新理解又重现发现的"白痴"耶稣，反基督者这样写道：

> 有可能，最令人感到痛苦的为爱而殉难的情况隐藏于《圣经》的传说里，一年藏于披着耶稣生平的外衣里：最纯真、最期待的心儿对于人类之爱永不餍足；它要求的只是爱与被爱，别无他求。他以严酷、以疯狂、以雷霆万钧之怒应对那些拒绝给他爱的人〔……〕

以这样的话语也可以用来形容最终以"被钉十字架者"之名来签署的人。

毋庸讳言，这一切也都可以看作是疾病暴发的症候，也可看作有专门术语记录的心理疾病，比如"自大狂"、"自恋癖"、心理障碍等等；亦可作为治疗方案的证明材料。[1] 谁要是想将尼采系谱学的方法应用于他自己的文本，那么他在这里会大有用武之地。这一切也可以看作是其计划意图的展开，早在他发病的症候出现之前，他就已经在其写作中提起此事。令人惊异的是，在其神经错乱发作之时，不仅可以采取措施加以掌控，而且一些不断研发出来的方法也能对其疯病发挥持续的作用。

若这些文本的哲学或神学设想（"请听好，我很少以神学家的身份来说话"）[2] 中没有留下任何东西，在对这些文字的心理学和生理学思辨中没有留存任何东西，在宗教史和思想史的构想中没有留下任何东西，在意识形态和政治的宣示中没有留下任何东西，那么至少还有这些讲述留存于世间。这些讲述，或者说叙事，最终自成独一无二的叙事。一些现代派历史叙事大师又以自己的方式对其加以改编，或以自己的方式继续讲述。奥古斯特·斯特林堡曾与发病的尼采通过信，他说："我给我所有朋友的信都如此结尾：请读尼采！"[3] 从斯特林堡这样的言论，到托马斯·曼的《浮士德博士》，都体现了这一点。"这崭新的心灵本应歌唱"，尼采于1886年为其《悲剧著

---

[1] Volz 1990.
[2] EH Jenseites von Gut und Böse 2, KSA 6, 351.
[3] Strindberg, Bd. 7, Nr. 1714, 190.

作》所作的《论自我批评》一文中曾这样写道;斯特凡·格奥尔格在尼采死后仍不断说起这个句子,充满哀悼之情。在这一自我批评之后他差不多还有两年写作时间,他将对自己的告诫记在了心头。这一崭新的心灵,对事物的谈论和探讨越是大而化之,它的歌唱就越富有艺术性;就是这样一个心灵,还没有歌唱到最后一刻,就开始熄灭了。

*

在加利福尼亚于吉(Yuki)部落的印第安人中有这样的风俗:讲故事的人在讲完故事之后还有义务转向故事本身,不再理会听众。"好了,总算是结束了",他一定要这样对故事说一声,用这话将它打发到洞穴里去。因为,民族学者解释说[1],要给故事以与其他生物同样的尊重。没有这样的话语,它甚至会将说书人吞噬,也同样会吞噬听众。

好了,总算是结束了。

---

[1] Margolin 1981, 81.

参考文献

Friedrich Nietzsche: *Ecce homo. Faksimileausgabe der Handschrift.* Wiesbaden 1985. (Manu scripta, Bd. 2, hg. von Karl-Heinz Hahn.)
Friedrich Nietzsche: *Frühe Schriften, Bd. 2: Jugendschriften 1861-1864*, hg. von Joachim Mette, München 1994.

Forschungsliteratur

Allison, David B. (Hg.) (1977): *The New Nietzsche. Contemporary Styles of Interpretation.* New York.
Aristoteles (1982): *Poetik.* Griechisch-deutsch. Übersetzt und hg. von Manfred Fuhrmann. Stuttgart.
Arjouri, Philipp (2007): *Erzählen nach Darwin.* Berlin.
Auerochs, Bernd (2006): *Die Entstehung der Kunstreligion.* Göttingen. (Palaestra, 323)
Barthes, Roland (2000): Der Tod des Autors. In: *Texte zur Theorie der Autorschaft*, hg. von Fotis Jannidis [u. a.], Stuttgart, 185-193.
Bauer, Walter (1971): *Griechisch-deutsches Wörterbuch zu den Schriften des Neuen Testaments und der übrigen urchristlichen Literatur.* Durchgesehener Nachdruck der 5. Auflage, Berlin/New York 1971 u. ö.
Behler, Ernst (1983): Die Auffassung des Dionysischen durch die Brüder Schlegel und Friedrich Nietzsche. In: *Nietzsche-Studien* 12, 335-354.
Behler, Ernst (1988): *Derrida – Nietzsche, Nietzsche – Derrida.* München.
Benn, Gottfried (1991): Nietzsche – nach 50 Jahren (1950). In: ders., *Sämtliche Werke*, in Verbindung mit Ilse Benn hg. von Gerhard Schuster, Bd. V. Stuttgart.
Benne, Christian (2004): *Nietzsche und die historisch-kritische Philologie.* Berlin/New York.
Bennholdt-Thomsen, Anke (2001): Träume und Visionen als Erkenntnis- und Darstellungsmittel in *Also sprach Zarathustra.* In: Peter Villwock (Hg.), *Nietzsches »Also sprach Zarathustra«.* Basel, 55-75.
Benson, Bruce Ellis (2008): *Pious Nietzsche. Decadence and Dionysian Faith.* Bloomington/Indianapolis.
Benz, Ernst (1956): *Nietzsches Ideen zur Geschichte.* Leiden.
Bergoffen, Debra B. (1990): Nietzsche's Madman: Perspectivism without Nihilism. In: Clayton Koelb (Hg.): *Nietzsche as Postmodernist. Pro and Contra.* Albany, 57-71.

Bertram, Ernst (1918): *Nietzsche. Versuch einer Mythologie*. Berlin.
Birus, Hendrik (1996): Apokalypse der Apokalypsen. Nietzsches Versuch einer Destruktion aller Eschatologie. In: *Poetik und Hermeneutik 16: Das Ende. Figuren einer Denkform*. München, 32-58.
Biser, Eugen (1962): »*Gott ist tot*« – *Nietzsches Destruktion des christlichen Bewusstseins*. München.
Biser, Eugen (1982): Nietzsche – der kritische Nachahmer Jesu. Ein Beitrag zur gestaltvergleichenden Nietzsche-Deutung. In: Wolfgang Böhme (Hg.): *Ist Gott tot? Über Friedrich Nietzsche*. Karlsruhe, 98-110.
Biser, Eugen (2002): *Nietzsche – Zerstörer oder Erneuerer des Christentums?* Darmstadt.
Blumenberg, Hans (1971): Wirklichkeitsbegriff und Wirkungspotential des Mythos. In: *Terror und Spiel. Probleme der Mythenrezeption*. Hg. von Manfred Fuhrmann. München, 11-66.
Bohrer, Karl Heinz (2009): *Das Tragische. Erscheinung, Pathos, Klage*. München.
Bolz, Ulrich (1994): Anmerkungen zu einem Fund. In: *Nietzscheforschung* 1, 397-399.
Borchmeyer, Dieter (2008): *Nietzsche, Cosima, Wagner. Porträt einer Freundschaft*. Frankfurt/M.
Bosse, Heinrich (1981): *Autorschaft ist Werkherrschaft. Über die Entstehung des Urheberrechts aus dem Geist der Goethezeit*. Paderborn.
Brecht, Bertolt (1993): *Gedichte 4*. Große kommentierte Berliner und Frankfurter Ausgabe, Bd. 14. Berlin u. a.
Burkert, Walter (1997): *Homo necans. Interpretationen altgriechischer Opferriten und Mythen*. 2., um ein Nachwort erweiterte Auflage. Berlin/New York.
Campioni, Giuliano (2003): *Nietzsches persönliche Bibliothek*. Berlin u. a. (Supplementa Nietzscheana, 6)
Cancik, Hubert/Hildegard Cancik-Lindemaier (1988): Der »psychologische Typus des Erlösers« und die Möglichkeit seiner Darstellung bei Franz Overbeck und Friedrich Nietzsche. In: *Franz Overbecks unerledigte Anfragen an das Christentum*. Hg. von Rudolf Brändle und Ekkehard W. Stegemann. München, 108-135.
Caro, Adrian del: Artikel »Dostojewski«. In: NL, 73 f.
Colli, Giorgio: Nachwort. In: KSA 6, 447-458.
Creuzer, Friedrich (1809): *Dionysus, sive commentationes academicae de rerum Bacchiarum Orphicarumque originibus et causis*, Bd. 1, Heidelberg.
Daston, Lorraine (Hg.) (2000): *Biographies of Scientific Objects*. Chicago.
Deesz, Gisela (1933): *Die Entwicklung des Nietzsche-Bildes in Deutschland*. Würzburg.
Derrida, Jacques (1986): Sporen. Die Stile Nietzsches. In: Werner Hamacher (Hg.), *Nietzsche aus Frankreich*. Übersetzt von Richard Schwaderer, überarbeitet von Werner Hamacher. Frankfurt/M. und Berlin. (Frz. u. d. T. *Éperons. Les styles de Nietzsche* in: *Nietzsche aujourd'hui?* 10/18, Paris 1973).
Derrida, Jacques (2000): *Apokalypse. Von einem neuerdings erhobenen apokalyptischen Ton in der Philosophie*. Wien.
Detering, Heinrich (1996): Zum Verhältnis von »Mythos«, »mythischem Analogon« und »Providenz« bei Clemens Lugowski. In: Matias Martínez

(Hg.): *Formaler Mythos. Beiträge zu einer Theorie ästhetischer Formen.* Paderborn, 63-79.

Detering, Heinrich (1998): Die Tode Nietzsches. Zur antitheologischen Theologie der Postmoderne. In: *Merkur,* Sonderheft *Postmoderne. Eine Bilanz,* 52, 876-889.

Detering, Heinrich (2000): »Das Ich wird zum Wortspiel«: Ibsen, Strindberg, Nietzsche und das Drama der Abstraktion. In: *Widersprüche. Zur frühen Nietzsche-Rezeption.* Hg. von Andreas Schirmer und Rüdiger Schmidt. Weimar, 79-101.

Detering, Heinrich (Hg.) (2002): *Autorschaft. Positionen und Revisionen.* Stuttgart/Weimar. (Germanistische Symposien, 24)

Detering, Heinrich (2007): Religion. In: Thomas Anz (Hg.): *Handbuch Literaturwissenschaft. Bd. 1: Gegenstände und Grundbegriffe.* Stuttgart, 382-395.

Dibelius, Martin (1944): Der »psychologische Typus des Erlösers« bei Friedrich Nietzsche. In: *Deutsche Vierteljahresschrift für Literaturwissenschaft und Geistesgeschichte* 22, 61-91.

Dostoevskij, Fedor (1886): *Les possédés.* Übersetzt von Victor Dérely. Paris.

Durkheim, Émile (1981): *Die elementaren Formen des religiösen Lebens.* Frankfurt/M. (frz. 1912).

Eberlein, Hermann-Peter (2004): Nietzsches »Tod Gottes« und Overbecks »Ende des Christentums«. In: Daniel Mourkojannis/Rüdiger Schmidt-Grépály (Hg.): *Nietzsche im Christentum. Theologische Perspektiven nach Nietzsches Proklamation des Todes Gottes,* Basel, 63-82.

Emerson, Ralph Waldo (1971): *The Collected Works of Ralph Waldo Emerson. Volume I: Nature Adresses, and Lectures.* Introductions and Notes by Robert E. Spiller. Text Established by Alfred R. Ferguson. Cambridge, Mass.

Figl, Johannes (2002): Dionysos und der Gekreuzigte. Nietzsches Identifikation und Konfrontation mit zentralen religiösen Figuren. In: *Nietzscheforschung* 9, 147-163.

Foucault, Michel (2005a): Nietzsche, die Genealogie, die Historie. In: *Schriften in vier Bänden. Dits et Ecrits.* Bd. II: 1970-1975. Hg. von Daniel Defert und François Ewald unter Mitarbeit von Jacques Legrange. Frankfurt/M., 166-191.7.

Foucault, Michel (2005b): Zur Publikation der Nietzsche-Gesamtausgabe. In: *Schriften in vier Bänden. Dits et Ecrits.* Bd. IV: 1980-1988. Hg. von Daniel Defert und François Ewald unter Mitarbeit von Jacques Legrange. Frankfurt/M., 1023-1027.

Fraser, Giles (2002): *Redeeming Nietzsche. On the Piety of Unbelief.* London/New York.

Frischmann, Bärbel: Art. »Inspiration«. In: NL, 163 f.

Gauger, Hans-Martin (1984): »Nietzsches Stil am Beispiel von *Ecce homo*«. In: *Nietzsche-Studien* 13, 332-355.

Genette, Gérard (1994): *Die Erzählung.* Aus dem Französischen von Andreas Knop. Mit einem Vorwort hg. von Jochen Vogt. München.

George, Stefan (1983): *Werke. Ausgabe in vier Bänden.* Hg. von Robert Boehringer. München.

Girard, René (1999): *Ich sah den Satan vom Himmel fallen wie einen Blitz. Eine kritische Apologie des Christentums.* München.

Görner, Rüdiger (2000): *Nietzsches Kunst. Annäherung an einen Denkartisten.* Frankfurt, M./Leipzig.
Grimm, Reinhold (1979): *Brecht und Nietzsche oder Geständnisse eines Dichters. Fünf Essays und ein Bruchstück.* Frankfurt/M.
Groddeck, Wolfram (1984): *Die Geburt der Tragödie* in *Ecce homo.* Hinweise zu einer strukturalen Lektüre von Nietzsches *Ecce homo.* In: *Nietzsche-Studien* 13, 325-331.
Groddeck, Wolfram (1991): *Friedrich Nietzsche – »Dionysos-Dithyramben«.* 2 Bände. Berlin/New York. (Monographien und Texte zur Nietzsche-Forschung, 23)
Günzel, Stephan: Artikel »Derrida«. In: NL, 70 f.
Haas, Alois Maria (2003): *Nietzsche zwischen Dionysos und Christus. Einblicke in einen Lebenskampf.* Hg. und mit einem biografischen Essay versehen von Hildegard Elisabeth Keller. Wald.
Hamann, Johann Georg (1998): *Sokratische Denkwürdigkeiten. Aesthetica in nuce.* Mit einem Kommentar hg. von Sven-Aage Jørgensen, Stuttgart.
Havemann, Daniel (2002): *Der ›Apostel der Rache‹. Nietzsches Paulusdeutung.* Berlin/New York. (Monographien und Texte zur Nietzsche-Forschung, 46)
Havemann, Daniel: Art. »Typus«. In: NL, 354.
Heine, Heinrich (1979): Zur Geschichte der Religion und Philosophie in Deutschland. In: *Heinrich Heine. Historisch-kritische Ausgabe der Werke.* (Düsseldorfer Ausgabe) Bd. 8, Hamburg, 9-120.
Hödl, Hans Gerald (2003): Nietzsche, Jesus und der Vater. Versuch einer biographischen Rekonstruktion. In: Ulrich Willers (Hg.), *Theodizee im Zeichen des Dionysos. Nietzsches Fragen jenseits von Moral und Religion.* Münster [u. a.], 69-86.
Hölderlin, Friedrich (1847): *Gedichte von Friedrich Hölderlin,* 3. Auflage Stuttgart/Tübingen.
Hofmann, Peter (2008): Artikel »Christentum«, in: Stefan Lorenz Sorgner/ H. James Birx/Nikolaus Knoepffler (Hg.): *Wagner und Nietzsche. Kultur – Werk – Wirkung. Ein Handbuch.* Hamburg, 143-163.
Hofmiller, Josef (1931): Nietzsche. In: *Süddeutsche Monatshefte* 29 (November 1931), 73-131.
Jannidis, Fotis/Gerhard Lauer/Matías Martínez/Simone Winko (Hg.) (1999): *Rückkehr des Autors. Zur Erneuerung eines umstrittenen Begriffs.* Tübingen. (Studien und Texte zur Sozialgeschichte der Literatur 71)
Janz, Curt Paul (1978/79): *Friedrich Nietzsche. Biographie,* Bd. I-III. München/Wien.
Jaspers, Karl (1952): *Nietzsche und das Christentum* (zuerst 1938) München.
Jean Paul [d. i. Jean Paul Friedrich Richter] (1996): Rede des toten Christus vom Weltgebäude herab, daß kein Gott sei. In: Jean Paul, *Sämtliche Werke, Abt. 1, Bd. 2: Siebenkäs, Flegeljahre.* Hg. von Norbert Miller. München², 270-275.
Jüngel, Eberhard (1986): *Gott als Geheimnis der Welt. Zur Begründung der Theologie des Gekreuzigten im Streit zwischen Theismus und Atheismus.* Tübingen.
Kaiser, Gerhard (1996): Wortweltschöpfung. In ders.: *Geschichte der deutschen Lyrik von Goethe bis zur Gegenwart. Ein Grundriss in Interpretationen.* Bd. 2: *Von Heine bis zur Gegenwart.* Frankfurt/M., 199-217 und 824-826.

Kaufmann, Walter (1982): *Nietzsche. Philosoph – Psychologe – Antichrist.* Aus dem Amerikanischen übersetzt von Jörg Salaquarda. Darmstadt (amerikanische Ausgabe 1974).

Kienzler, Klaus (1991): Nietzsche im christlichen Denken – am Beispiel Bernhard Weltes. In: *Theologie und Philosophie* 66, 398-410.

Klauck, Hans-Josef: Artikel »Antichrist/Neues Testament«. In: RGG (4), Bd. 1, Sp. 531 f.

Kleffmann, Tom (2003): *Nietzsches Begriff des Lebens und die evangelische Theologie. Eine Interpretation Nietzsches und Untersuchungen zu seiner Rezeption bei Schweitzer, Tillich und Barth.* Tübingen.

Klossowski, Pierre (1986): *Nietzsche und der circulus vitiosus deus.* München (französische Ausgaben 1969 und 1975).

Koecke, Christian (1994): *Zeit des Ressentiments, Zeit der Erlösung. Nietzsches Typologie temporaler Interpretation und ihre Aufhebung in der Zeit.* Berlin/New York. (Monographien und Texte zur Nietzsche-Forschung, 29)

Koecke, Christian: Artikel »Jesus«. In: NL, 168.

Koelb, Clayton (1990): *Nietzsche as Postmodernist. Pro and Contra.* Albany, N. Y.

Kofman, Sarah (1992): *Explosion 1. De l'»Ecce homo« de Nietzsche.* Paris.

Köster, Peter (1981/82): Nietzsche-Kritik und Nietzsche-Rezeption in der Theologie des 20. Jahrhunderts. In: *Nietzsche-Studien* 10-11, 615-685.

Kühneweg, Uwe (1986): Nietzsche und Jesus – Jesus bei Nietzsche. In: *Nietzsche-Studien* 15, 382-97.

Langer, Daniela (2005): *Wie man wird, was man schreibt: Sprache, Subjekt und Autobiographie bei Nietzsche und Barthes.* München.

Lehnert, Herbert (2009): *Thomas Mann. Essays VI: 1945-1950. Kommentar.* Frankfurt/M. (GKFA 19.2)

Lejeune, Philippe (1994): *Der autobiographische Pakt.* Frankfurt/M. (Frz. zuerst 1975)

Lichtenberg, Georg Christoph (1971): *Sudelbücher II. Materialhefte, Tagebücher.* Hg. von Wolfgang Promies. Darmstadt. (Schriften und Briefe, Band 2)

Löwith, Karl (1987a): *Nietzsches antichristliche Bergpredigt.* In: Karl Löwith: *Sämtliche Schriften*, Bd. 6, Stuttgart, 487-484. (Zuerst 1962)

Löwith, Karl (1987b): *Nietzsches Philosophie der ewigen Wiederkehr des Gleichen.* In: Karl Löwith: *Sämtliche Schriften*, Bd. 6, Stuttgart 1987, 101-384. (Zuerst 1962)

Lotman, Jurij M. (1972): *Die Struktur literarischer Texte*, München.

Lugowski, Clemens (1976): *Die Form der Individualität im Roman. Studien zur inneren Struktur der frühen deutschen Prosaerzählung.* Frankfurt/M. (Zuerst Berlin 1932)

Luther, Martin (1967): *D. Martin Luthers Werke.* 46. Band. Weimar. (WA 46)

Lyotard, Jean-François (1986): *Das postmoderne Wissen. Ein Bericht.* Deutsch von Otto Pfersmann. Wien. (Edition Passagen, 7; zuerst: *La condition postmoderne.* Paris 1979)

Mann, Golo (1958): *Deutsche Geschichte des 19. Jahrhunderts.* Frankfurt/M.

Mann, Thomas (1967): »Geist und Kunst«. Thomas Manns Notizen zu einem »Literatur«-Essay, ediert und kommentiert von Hans Wysling. In: Paul

Scherrer/Hans Wysling: *Quellenkritische Studien zum Werk Thomas Manns*. Bern/München (Thomas-Mann-Studien I), 123-233.
Mann, Thomas (2009): Nietzsches Philosophie im Lichte unserer Erfahrung. In: Thomas Mann: *Essays VI: 1945-1950*. Hg. von Herbert Lehnert. Frankfurt/M., 185-226. (GKFA 19.1)
Margolin, Malcolm (Hg.) (1981): *The Way We Lived. California Indian Reminiscences, Stories and Songs*. Berkeley, Cal.
Martínez, Matías (1996a): *Doppelte Welten. Struktur und Sinn zweideutigen Erzählens*. Göttingen.
Martínez, Matías (Hg.) (1996b): *Formaler Mythos. Beiträge zu einer Theorie ästhetischer Formen*. Paderborn [u. a.].
Martínez, Matías/Michael Scheffel (1999): *Einführung in die Erzähltheorie*. München.
Meincke, Anne-Sophie (2007): *Finalität und Erzählstruktur*. Stuttgart (eine Studie zum Erzählen Heinrichs von Veldeke).
Mistry, Freny (1981): *Nietzsche and Buddhism*. Berlin/New York. (Monographien und Texte zur Nietzsche-Forschung, 6)
Montinari, Mazzino: Kommentar zur Kritischen Studienausgabe. Kommentar zu Band 1-13. In: KSA 14, 41-775.
Montinari, Mazzino (1968): *Nietzsche*. Milano o.J. [1968]
Montinari, Mazzino (1982): Ein neuer Abschnitt in Nietzsches *Ecce homo*. In: ders.: *Nietzsche lesen*, Berlin/New York, 120-168.
Mourkojannis, Daniel (2000): *Ethik der Lebenskunst. Zur Nietzsche-Rezeption in der evangelischen Theologie*. Münster u. a. (Studien zur systematischen Theologie und Ethik, 23)
Mourkojannis, Daniel (2004): Christus oder Dionysos. Zu Karl Barths Nietzsche-Rezeption. In: Daniel Mourkojannis/Rüdiger Schmidt-Grépály (Hg.): *Nietzsche im Christentum. Theologische Perspektiven nach Nietzsches Proklamation des Todes Gottes*, Basel, 83-98. (Beiträge zu Friedrich Nietzsche, 8)
Müller-Rastatt, Carl (1894): *Friedrich Hölderlin. Sein Leben und sein Dichten. Mit einem Anhang ungedruckter Gedichte Hölderlins*, Bremen.
Mundhenk, Ronald (1999): *Sein wie Gott. Aspekte des Religiösen im schizophrenen Erleben und Denken*. Neumünster.
Musil, Robert (1952): *Der Mann ohne Eigenschaften*. Werke, Bd. 2, Hamburg.
Nehamas, Alexander (1985): *Nietzsche. Life as Literature*. Cambridge, Mass./London.
Niehues-Pröbsting, Heinrich (1980): Der »kurze Weg«: Nietzsches »Cynismus«. In: *Archiv für Begriffsgeschichte* 24, 103-122.
Nigg, Walter (2009): *Franz Overbeck. Versuch einer Würdigung*. Mit einem Nachwort von Niklaus Peter. Zürich.
Nolte, Josef (1973): *Wahrheit und Freiheit. Meditationen über Texte aus F. Nietzsche »Der Antichrist«*. Düsseldorf.
Ohly, Friedrich (1977): Vom geistigen Sinn des Wortes im Mittelalter. In: Friedrich Ohly: *Schriften zur mittelalterlichen Bedeutungsforschung*, Darmstadt, 1-31.
Otto, Walter F. (1933): *Dionysos. Mythos und Kultus*. Frankfurt/M.
Overbeck, Franz/Heinrich Köselitz [Peter Gast] (1998): *Briefwechsel*. Hg. und kommentiert von David Marc Hoffmann, Niklaus Peter und Theo Salfinger. Berlin/New York.

参考文献

Pacini, Gianloro (2001): *Nietzsche lettore dei grandi russi*. Rom.
Pernet, Martin (1989): *Das Christentum im Leben des jungen Friedrich Nietzsche*. Opladen.
Petersdorff, Dirk von (2002): Die Freiheit und ihr Schatten. Friedrich Nietzsches Subjektkritik. In: Heinrich Detering (Hg.): *Autorschaft. Positionen und Revisionen*. Stuttgart/Weimar. (Germanistische Symposien, 24) 142-160.
Podach, Erich F. (1961): *Friedrich Nietzsches Werke des Zusammenbruchs*. Heidelberg.
Pütz, Peter (1975): *Friedrich Nietzsche*. Stuttgart.
Renan, Ernest (1863): *Vie de Jésus. (Histoire des origines du christianisme, livre premier.) Quatrième édition*. Paris.
Renan, Ernest (1870): *Das Leben Jesu*. Aus dem Französischen von Hans Helling. Leipzig o.J. [ca. 1870].
Renan, Ernest (1873): *Der Antichrist. Autorisirte deutsche Ausgabe*. Leipzig/Paris.
Ronell, Avital (2009): Der Liebesbeweis oder: Schlussmachen (Nietzsche und Wagner). In: Eckart Goebel/Elisabeth Bronfen (Hg.), *Narziss und Eros. Bild oder Text?* Göttingen, 166-186. (Manhattan Manuscripts 2)
Ross, Werner (1994): *Der wilde Nietzsche oder Die Rückkehr des Dionysos*, Stuttgart.
Safranski, Rüdiger (2000): *Nietzsche. Biographie seines Denkens*, München [u. a.].
Salaquarda, Jörg (1973): »Der Antichrist«. In: *Nietzsche-Studien* 2, 91-136.
Salaquarda, Jörg (1996a): Dionysos gegen den Gekreuzigten. Nietzsches Verständnis des Apostels Paulus. In: Jörg Salaquarda: *Nietzsche*, Darmstadt, 288-322. (Wege der Forschung, 521; zuerst erschienen in der *Zeitschrift für Religions- und Geistesgeschichte* XXVI (1974), 97-124)
Salaquarda, Jörg (1996b): Noch einmal Ariadne. Die Rolle Cosima Wagners in Nietzsches literarischem Rollenspiel. In: *Nietzsche-Studien* 25, 99-125.
Schaberg, William H. (2002): *Nietzsches Werke. Eine Publikationsgeschichte und kommentierte Bibliographie*. Aus dem Amerikanischen von Michael Leuenberger. Basel. (Beiträge zu Friedrich Nietzsche, 4)
Schank, Gerd (1993): »Dionysos gegen den Gekreuzigten. Eine philologische philosophische Studie zu Nietzsches *Ecce homo*«. Bern [u. a.].
Schelling, Friedrich Wilhelm Joseph von (1858): *Philosophie der Offenbarung*, Sämmtliche Werke II/3, Stuttgart/Augsburg.
Schenkel, Daniel (1864): *Das Charakterbild Jesu. Ein biblischer Versuch*. Wiesbaden.
Schlaffer, Heinz (1990): *Poesie und Wissen. Die Entstehung des ästhetischen Bewußtseins und der philologischen Erkenntnis*. Frankfurt/M.
Schleiermacher, Friedrich (1977): *Hermeneutik und Kritik*. Mit einem Anhang sprachphilosophischer Texte Schleiermachers. Hg. von Manfred Frank, Frankfurt/M.
Schmidt, Rüdiger/Cord Spreckelsen (1999): *Nietzsche für Anfänger: Ecce homo. Eine Lese-Einführung*. München.
Schneider, Ursula (1983): *Grundzüge einer Philosophie des Glücks bei Nietzsche*. Berlin/New York.
Schöne, Albrecht (1958): *Säkularisation als sprachbildende Kraft. Studien zur Dichtung deutscher Pfarrersöhne*. Göttingen. (Palaestra, 226)

Schopenhauer, Arthur (1974): *Die Welt als Wille und Vorstellung*, Bd. 1. 2., überprüfte Auflage. Hg. von Wolfgang Freiherr von Löhneysen. Darmstadt.
Seitschek, Hans Otto (2008): Artikel *Der Fall Wagner*. In: Stefan Lorenz Sørgner/H. James Birx/Nikolaus Knoepffler (Hg.): *Wagner und Nietzsche. Kultur – Werk – Wirkung. Ein Handbuch.* Hamburg, 435-440.
Shapiro, Gary (1982): Nietzsche Contra Renan. In: *History and Theory* 21, 193-222.
Shapiro, Gary (1988): The Writing on the Wall: The *Antichrist* and the Semiotics of History. In: Robert C. Solomon/Kathleen M. Higgins (Hg.): *Reading Nietzsche.* New York/Oxford, 192-217.
Shapiro, Gary (1989): *Nietzschean Narratives.* Bloomington, Ind.
Simon, Josef (1972): Grammatik und Wahrheit. Über das Verhältnis Nietzsches zur spekulativen Satzgrammatik der metaphysischen Tradition. In: *Nietzsche-Studien* 1, 1-26.
Skowron, Michael: Artikel »Religion«. In: NL, 300-302.
Solomon, Robert C./Kathleen M. Higgins (Hg.) (1988): *Reading Nietzsche.* New York/Oxford.
Sommer, Andreas Urs (1997): *Der Geist der Historie und das Ende des Christentums. Zur »Waffenbrüderschaft« von Friedrich Nietzsche und Franz Overbeck.* Berlin.
Sommer, Andreas Urs (2000): *Friedrich Nietzsche: »Der Antichrist.« Ein historisch-philosophischer Kommentar.* Basel. (Beiträge zu Friedrich Nietzsche, 2)
Sommer, Andreas Urs (2001): »Wisset ihr nicht, dass wir über die Engel richten werden?«. Nietzsches antichristlicher Schauprozess. In: *Nietzsche und das Recht.* Hg. von Kurt Seelmann. Stuttgart, 93-106.
Sommer, Andreas Urs (2003): Theologie nach Nietzsches *Antichrist?* In: Ulrich Willers (Hg.): *Theodizee im Zeichen des Dionysos. Nietzsches Fragen jenseits von Moral und Religion.* Münster (Religion – Geschichte – Gesellschaft, 25), 179-189. (Auch in: Daniel Mourkojannis/Rüdiger Schmidt-Grépály (Hg.): *Nietzsche im Christentum. Theologische Perspektiven nach Nietzsches Proklamation des Todes Gottes*, Basel 2004, 131-147)
Sommer, Andreas Urs (2004): Jesus gegen seine Interpreten oder Die Hermeneutik der Urteilsenthaltung. Pilatus und der »Typus des Erlösers« in: *Nietzscheforschung* 11, 75-86.
Sommer, Andreas Urs (2008): Nietzsche contra Wagner. In: Stefan Lorenz Sorgner/H. James Birx/Nikolaus Knoepffler (Hg.): *Wagner und Nietzsche. Kultur – Werk – Wirkung. Ein Handbuch.* Hamburg, 441-445.
Sommer, Andreas Urs: Artikel »Antichrist«. In: NL, 14-16 und 26.
Sommer, Andreas Urs: Artikel »Bibel«. In: NL, 47 f.
Sommer, Andreas Urs: Artikel »Wellhausen«. In: NL, 338 f.
Sorgner, Stefan Lorenz/H. James Birx/Nikolaus Knoepffler (Hg.) (2008): *Wagner und Nietzsche. Kultur – Werk – Wirkung. Ein Handbuch.* Hamburg.
Stegmaier, Werner (1992): Nietzsches Kritik der Vernunft seines Lebens. Zur Deutung von *Der Antichrist* und *Ecce homo.* In: *Nietzsche-Studien* 21, 163-183.
Stegmaier, Werner (2000): Nietzsches Zeichen. In: *Nietzsche-Studien* 29, 41-69.

Stegmaier, Werner (2004): Nietzsches Theologie. Perspektiven für Gott, Glaube und Gerechtigkeit. In: Daniel Mourkojannis/Rüdiger Schmidt-Grépály (Hg.): *Nietzsche im Christentum. Theologische Perspektiven nach Nietzsches Proklamation des Todes Gottes*, Basel, 1-21.

Stegmaier, Werner (2008): Schicksal Nietzsche? Zu Nietzsches Selbsteinschätzung als Schicksal der Philosophie und der Menschheit (*Ecce homo*, Warum ich ein Schicksal bin). In: *Nietzsche-Studien* 37, 62-114.

Stellino, Paolo (2007): Jesus als »Idiot«. Ein Vergleich zwischen Nietzsches *Der Antichrist* und Dostoewskijs *Der Idiot*. In: *Nietzscheforschung* 14: *Nietzsche und Europa – Nietzsche in Europa*. Hg. von Volker Gerhardt und Renate Reschke, 203-210.

Stingelin, Martin (1996): *»Unsere ganze Philosophie ist Berichtigung unseres Sprachgebrauchs«. Friedrich Nietzsches Lichtenberg-Rezeption im Spannungsfeld zwischen Sprachkritik (Rhetorik) und historischer Kritik (Genealogie)*. München (Figuren, Bd. 3).

Stingelin, Martin (1999): »UNSER SCHREIBZEUG ARBEITET MIT AN UNSEREN GEDANKEN«. Die poetologischen Reflexe der Schreibwerkzeuge bei Georg Christoph Lichtenberg und Friedrich Nietzsche. In: *Lichtenberg-Jahrbuch* 1999, 81-98.

Stingelin, Martin (2002): »er war im Grunde der eigentliche Schriftsteller, während ich bloss der Autor war«. Friedrich Nietzsches Poetologie der Autorschaft als Paradigma des französischen Poststrukturalismus (Roland Barthes, Gilles Deleuze, Michel Foucault). In: Heinrich Detering (Hg.): *Autorschaft. Positionen und Revisionen*. Stuttgart/Weimar. (Germanistische Symposien, 24), 80-106.

Strauss, David Friedrich (1864): *Das Leben Jesu*. [vor 1864]

Strindberg, August (1961): *August Strindbergs Brev*, Bd. 7, *Februari 1888 – december 1889*. Utgivna av Torsten Eklund. Stockholm.

Tolstoi, Leo (1885): *Ma religion*. Paris.

Tomaševskij, Boris (1985): *Theorie der Literatur, Poetik*, hg. von Klaus-Dieter Seemann, Wiesbaden.

Valadier, Paul (1977): Dionysus versus the Crucified. (Übersetzt von Kathleen Wallace) In: David B. Allison (Hg.): *The New Nietzsche. Contemporary Styles of Interpretation*. New York, 247-261.

Valadier, Paul (1979): *Jésus-Christ ou Dionysos. La foi chrétienne en confrontation avec Nietzsche*. Paris.

Verecchia, Analecto (1986): *Zarathustras Ende. Die Katastrophe Nietzsches in Turin*. Wien/Köln/Graz.

Volz, Pia Daniela (1990): *Nietzsche im Labyrinth seiner Krankheit. Eine medizinisch-biographische Untersuchung*. Würzburg.

Wagner, Richard (1881): *Religion und Kunst. Nebst einem Nachtrage: »Was nützt diese Erkenntnis?«*. Bayreuth.

Weijers, Els (1994): Wie man wird, was man erzählt. Erzählen und Diskurs vom Selbst in Nietzsches Texten. In: Roland Duhamel/Erik Oger (Hg.): *Die Kunst der Sprache und die Sprache der Kunst*. Würzburg, 37-54.

Wellhausen, Julius (1883): *Prolegomena zur Geschichte Israels*. Berlin.

Welte, Bernhard (1958): *Nietzsches Atheismus und das Christentum*. Darmstadt.

Willers, Ulrich (1985): »Aut Zarathustra aut Christus«. Die Jesus-Darstellung Nietzsches im Spiegel ihrer Interpretationsgeschichte: Tendenzen und Entwicklungen von 1900-1980. In: *Theologie und Philosophie* 60, 239-256 und 418-442.

Willers, Ulrich (1988): *Friedrich Nietzsches antichristliche Christologie. Eine theologische Rekonstruktion.* Innsbruck/Wien. (Innsbrucker theologische Studien, 23)

Willers, Ulrich (Hg.) (2003): *Theodizee im Zeichen des Dionysos. Nietzsches Fragen jenseits von Moral und Religion.* Münster. (Religion – Geschichte – Gesellschaft, 25)

Willers, Ulrich (2004): Nietzsche und seine theologischen Interpreten. Erfahrungen – Einsichten – Irritationen. In: Daniel Mourkojannis/Rüdiger Schmidt-Grépály (Hg.): *Nietzsche im Christentum. Theologische Perspektiven nach Nietzsches Proklamation des Todes Gottes*, Basel, 99-116.

Wimmer, Ruprecht/Stephan Stachorski (2007): *Thomas Mann, Doktor Faustus. Kommentar.* Thomas Mann, Große kommentierte Frankfurter Ausgabe, Werke – Briefe – Tagebücher, Bd. 10.2. Frankfurt/M.

Wolff, Paul (1962): Dionysos oder der Gekreuzigte. Zur Lebensidee Nietzsches. In: *Der katholische Gedanke* 18, 84-90.

Zimmermann, Bernhard (2000): *Europa und die griechische Tragödie. Vom kultischen Spiel zum Theater der Gegenwart.* Frankfurt/M.